高等师范教育精品教材系列丛书

贾 磊 主编

体 操

Gymnastics

中国财经出版传媒集团
经济科学出版社
Economic Science Press

图书在版编目（CIP）数据

体操/贾磊主编. --北京：经济科学出版社，
2023.8（2024.10 重印）
（高等师范教育精品教材系列丛书）
ISBN 978-7-5218-5036-9

Ⅰ.①体…　Ⅱ.①贾…　Ⅲ.①体操-高等师范院校-
教材　Ⅳ.①G83

中国国家版本馆 CIP 数据核字（2023）第 152934 号

责任编辑：宋　涛
责任校对：郑淑艳
责任印制：范　艳

体　操
贾　磊　主编
经济科学出版社出版、发行　新华书店经销
社址：北京市海淀区阜成路甲 28 号　邮编：100142
总编部电话：010-88191217　发行部电话：010-88191522
网址：www.esp.com.cn
电子邮箱：esp@esp.com.cn
天猫网店：经济科学出版社旗舰店
网址：http://jjkxcbs.tmall.com
北京季蜂印刷有限公司印装
710×1000　16 开　12.25 印张　234000 字
2023 年 8 月第 1 版　2024 年 10 月第 2 次印刷
ISBN 978-7-5218-5036-9　定价：40.00 元
（图书出现印装问题，本社负责调换。电话：010-88191545）

《体操》编写组

主　编：贾　磊

成　员：鲁　红　王　乾　袁天一　王　婷　贾宪宁　袁冉冉
曹亚坤　刘远航　贾　楠　朱礼恒　马　涛　胡义忠
阴小建　胡颖杰　张　雷　闫莉莉　仲　婕　刘　多
刘　飞　孙　强　杨　辰　李　娜　张　艳　张建东
李敬敬　金嘉鹏　王玉兵　孙东东　宋　军　聂小锋
卞守新　王　通　高露露　宋晓俊　商敬超　苑　文
李伟秋　王龙龙　柳国庆　刘凯丰　李　梅　马岩勇
靳来彬　李先傲　柏　鸽　甄宜沛　周承伟　吴士平
王汉军

总　　序

随着社会主义市场经济体制的不断完善和高等教育的快速发展，我国教师教育受到党和政府的高度重视。中共中央在《关于深化教育改革全面推进素质教育的决定》中指出："调整师范学校的层次和布局，鼓励综合性高等学校和非师范类高等学校参与培养、培训中小学教师的工作，探索在有条件的综合性高等学校中试办师范学院。"由此，综合性院校成为我国教师教育发展的一支重要力量，推动教师教育体系发生着深刻的变革。同时，为拓展自身生存和发展的空间，提高办学活力，我国大多数师范院校也在增设非师范专业，逐步建构综合性大学，这既是高等教育发展的规律，也是教师教育发展的必然趋势。

综合性大学参与教师的培养，可以发挥雄厚的基础学科优势。从开放型的培养体制来看其优点是：教师来源广泛、储备多，能满足各类教育发展的需要；有利于提高师资培养质量，使师范生的学识水平等同于其他大学。师范院校的综合性发展，既培养多种类型的人才与地区经济建设紧密结合，又增强自身活力，提高自我造血功能；扩展师范生就业门路，增加与其他类高校毕业生平等竞争的机会。因此，教师教育已经成为一个开放的、动态的体系，即以招生为起点，包括职前教育、入职教育和在职教育三个相互关联的阶段的连续统一体，这样可以促进教师在其职业生涯的所有阶段获得其专业发展。

呈现在大家面前的这套高等师范教育精品教材系列丛书，是探索教师教育改革的新举措，也是编著团队对教师教育科学研究工作的阶段性成果，缩写过程中倾注了作者大量的心血。教材内容具有先进性、科学性和教学适用性，符合新时期教师教育人才培养目标及课程教学的要求，全面、准确地阐述教师教育课程的基本理论、基本知识和基本技能，取材合适、深度适宜、结构严谨、理论联系实际。能够反映本领域国内外科学研究和教学研究的新知识、新成果、新成就、新技术。利于培养学生的自学能力、独立思考能力和创新能力。

教材编写是一项复杂的工作，加之时间紧迫、任务艰巨，难免出现一些疏漏和错误，请读者不吝指正。本教材在编写过程中得到了相关领导和专家的鼎力支持和辛勤付出，以及广大教师、学生的积极参与，在此表示衷心的感谢！

王玉华

齐鲁师范学院党委书记、教授、博士

前　言

党的二十大报告中提出，“教育、科技、人才是全面建设社会主义现代化国家的基础性、战略性支撑”“坚持以人民为中心发展教育，加快建设高质量教育体系，发展素质教育，促进教育公平”。作为教育现代化的重点任务之一，学校体育高质量发展备受重视。中共中央办公厅、国务院办公厅印发的《关于全面加强和改进新时代学校体育工作的意见》中对新时代学校体育工作也提出了指导意见。中共中央、国务院印发的《中国教育现代化2035》中提出的“全面强化学校体育工作”精神，更加明确了未来学校体育工作的新任务和新要求。我们要根据新时代要求、高质量发展要求和教育现代化要求，以更高的历史站位、更长远的发展眼光、更切实的举措加强学校体育工作顶层设计与改革，积极探索中国式现代化的学校体育工作实践路径。

同时，为贯彻落实党的十九大精神，培养高素质教师队伍，按照国家教育事业发展“十三五”规划工作要求，推进教师教育质量保障体系建设，提高师范类专业人才培养质量，教育部于2017年10月26日印发《普通高等学校师范类专业认证实施办法（暂行）》，决定开展普通高等学校师范类专业认证工作。

基于产出导向的教育（outcome-based education，OBE）是目前国际高等教育倡导的一种先进理念，也是新时代我国开展师范类专业认证的核心要旨。OBE的三个要素：

（1）学生中心：教学原则、教育目的、对教师的要求等，要最大限度地激发学习者的动机；教学目标要聚焦于学生毕业之后所应该具备的能力，教学评价对象是学生学习效果，指向学生的未来职业发展。

（2）产出导向：斯派蒂将OBE的学习结果定义为“情境中有意义学习的高质量的顶峰成果”，即学习结果的证明是彻底的、完整的；学生学习生涯结束后获得的顶峰成果；学习成果必须是有意义的学习而不是内容本身；学习结果是在生活情境中需要的能够走向成功的学习结果。这种学习结果是学习之后确定能做到的事情，而不仅仅是知道或者了解，应该是可视化的、可观察的。

（3）持续改进：强调培养目标、毕业要求、课程教学等不同层面上的评价与持续改进，持续改进的效果以学生学习效果的改进与提高作为体现。如根据每个学习者的特点进行教学策略的选择；持续反思与分析基础上的教学设计和改进教学；有效的教学评价能够为学生进一步的学习改进提供依据；学习者能够逐步设计自己的学习选择和进行自我评价。

本教材的编撰正是在我国普通高等学校师范类专业认证背景下基于OBE理念编写的，其教学目标主要聚焦于学生毕业之后所应该具备的能力，指向学生的未来职业发展。因师范生的培养面向基础教育，所以本教材在编写过程中广泛邀请了多年坚持在教学一线的中小学教育工作者参与。

由于编写者的学识和水平有限，加之时间仓促，教材中难免有错误和不妥之处，敬请广大读者批评指正。

目　　录

第一章 绪 论

第一节 体操概述

一、体操的概念

体操一词来源于古希腊语 Gymnasitike（原意为裸体，因古希腊人锻炼时很少穿衣服）。体操是当时所有运动的总称，古希腊人将从事锻炼的各项走、跑、跳、攀登、爬越、舞蹈、军事游戏等内容统称为体操。

现代体操的概念，是指通过徒手、持轻器械或在器械上完成不同类型与难度的单个动作、组合动作或成套动作，充分挖掘人的潜能，表现人的控制能力，并具有一定艺术要求的体育项目。对人的发展、综合素质的提高具有明显的作用与功效。

二、体操的特点

体操不同于其他项目，它有其特有的自身特点。只有了解这些特点，才能充分发挥体操增强体质的作用。

（一）普适性

体操内容丰富、形式多样，适合各类人群练习。基本体操、健身健美操、持器械体操、器械体操等，组成了无数的由易到难、由简到繁，不同难度、不同类型和具有不同价值指向的动作。练习者可以根据不同环境条件、不同习练目标、不同的习练要求以及不同年龄、性别、身体条件和训练水平，因人、因地制宜，选择多种项目和动作进行练习，以达到增强体质、增进健康、修身塑形、锤炼精神品格等目的。

（二）针对性

体操动作很多，完成动作的方法灵活多样，但所有体操动作都是针对人体自身的活动。这一特点使得练习者在身体的力量、灵敏、弹跳、柔韧、爆发力、节奏感等素质方面可以获得较高的锻炼价值。练习者可以根据不同目的、任务，选择有关动作，既能够促进身体的全面发展，又可以有所侧重地锻炼身体的某一部位。如肩关节的灵活性、腿部的柔韧性、腰腹部的力量等，这些都可以通过选用专门的练习进行锻炼，以达到目的。

（三）保护与帮助

保护与帮助在体操教学和训练中被广泛地采用，这是体操的一个突出特点。实践证明，保护与帮助不仅是一项安全措施，还是学习和掌握动作，以及提高技术水平的有效方法和一种体操教学的手段。对一些难度较大的或技术较复杂的动作内容，采取保护与帮助，既可以预防伤害事故的发生，也能加速练习者建立正确的动作技术观念，形成练习者相互间的保护与帮助，培养团结互助的良好作风。因此保护与帮助是体操教学或体操训练过程中教师或教练员必须具备的技能之一。

（四）艺术性

体操动作主要以培养和锻炼身体的自我控制能力为基础，要展示身体的控制能力，就必须要求动作协调自然、舒展大方、动作优美、节奏性强、稳定性好，并且合乎动作规范与身体运动规律，而这也是体操动作的艺术性特点。即便是一个简单的举臂动作，也要求动作到位、横平竖直，或刚健有力，或柔顺优美，给人以艺术的享受。另外，在体操练习、表演和比赛中广泛地运用音乐伴奏，如广播体操、团体操、女子自由体操、艺术体操等，这也能更好地展示出体操的艺术性。

（五）创新性

创新是体操的生命，没有创新就没有竞争力。无论是基本体操还是器械体操，都追求动作或成套动作组合的创新，这也是体操能够不断激发人们兴趣和参与热情的重要原因之一，是不断挑战新动作或新动作组合的设计者创新精神的原动力。例如，20 世纪 70 年代以来，有不少体操强国重视对竞技体操的科学研究，这使体操技术有了突飞猛进的发展，为创造新的、惊险的、高难度的动作开辟了广阔的前景。在重大的国际比赛中，动作编排创新、技术创新、难度创新，已成为获得比赛胜利的重要因素。由此可见，创新是各个体操项目的魅力和生命力之所在，是体操运动发展的强劲推动力。

三、体操的价值

体操的主要任务是通过多种多样的反复的练习，来提高运动技术水平和体育能力，并结合人文主义精神和思想品德教育，增进身心健康和身体素质水平，强化美学修养，塑造练习者的优美形体以达到丰富文化生活等目的。

（一）思想品德教育

体操动作练习是在一定的空间、时间和各种速度下进行的，有些动作要求统一、整齐、规范；有些动作要求节奏准、姿态美、动作稳。这对培养练习者严肃认真、纪律严明、彼此信任、协调一致、尊重大局等思想品德具有较强的作用。

体操动作主要以培养练习者对身体的控制能力为主，需要反复进行身体练习，以增进身体对习练动作的适应与感悟。这也对培养练习者较强的忍耐力，敢于面对困难、勇于解决困难的意志品质以及良好的抗挫能力、进取精神等心理素质具有很强的培养价值。

许多体操动作与人类生活中的习惯动作有着较大差异（如倒立与爬倒立等），对练习者来说具有一定的难度，不宜自学自练，需要彼此保护与帮助。从中可以提升练习者的责任心、合作意识、协作精神等。

（二）增强体质，促进身体的全面发展

体操内容丰富、形式多样，如徒手体操和简单易做的器械体操，都是锻炼身体的好方法。

1. 增强体质

体质是在日常活动中所体现的各项功能，包括力量、耐力、敏捷、速度、柔韧等。人体素质是反映人体健康的一个主要指标。由于运动项目众多，功能也是不同的，所以产生的运动效果也是不同的。在各种运动项目中，体操对体质的改善作用最为显著。

2. 增强行动的力量

运动是人赖以生存的基本技能，而体育锻炼则是锻炼体能的一种行之有效的手段。体操起源于欧洲的自然学，它本身就是为了发展练习者自身的自然体能，并根据基本的运动动作特点，从各种角度进行改造、变化和发展，从而达到增强人的基本活动水平。

3. 提高功能状态

机能是指身体的细胞或器官等的功能，适应性是由外部环境对机能产生的作用，并在其控制下对生物体进行调控；保持正常的、稳定的机能运动。体操锻炼可以改善神经、循环系统的功能，改善运动、神经系统和内分泌系统；改善人体循环、呼吸系统等功能状态，提高机能各方面的适应性。

4. 健美塑形

完美的形体应包括健美的体型与良好的姿态。身型是指身体的总体形态、结构和各个部位的比率，其实质是肌肉、骨骼、脂肪的构成和分布。健美的体型就是指身体整体的完善、和谐，各部分肢体的协调、均衡发展。体操中的许多内容（如韵律体操、徒手操、器械体操等）是塑造健美体型的有效方法、手段，对形成健美的形体具有特殊的功效。

（三）发展体操理论和运动技术

体操理论层次和运动技术水平是相辅相成、互相促进的。实践证明，仅具有高超的体操运动水平或仅具有一定的理论水平都会严重影响体操运动的发展。随着现代科学技术水平的不断发展和提高，只有培养一大批既懂得体操技术，又了解体操基本理论及相关科技知识的人才，才能使体操运动获得持久、稳定地发展。事实上我国体操理论的水平远远落后于现代科技水平的发展，从而在某种程度上影响了体操教学与训练水平的提高，也影响到我国体操运动的可持续发展。因此，如何运用现代科技发展新成果推进体操理论的发展，形成具有我国特色的体操理论与实践体系，以推动和指导体操的普及和技术水平的不断提高，是一项十分重要的任务。

（四）进行健与美的教育

体操具有培养人体矫健与优美姿态的作用。优美的体操动作、精彩的体操表演和竞赛，都给人们以健与美的享受，对于陶冶人们的情操起着积极的作用。因此，把体操作为健与美的教育内容，较之其他学科具有更丰富、更生动和更切实际的效能，而且对于青少年，以及儿童的影响尤为显著。因此，体操对于人们进行健美教育，建立正确的审美观点，具有特殊的意义和作用。

第二节　体操运动的内容

体操从最早体育的代名词发展到今天，其内容也随着社会的发展而不断变化。18 世纪以前，体操是走、跑、跳、投、掷、攀登、摔跤、舞蹈、骑马、军事游戏等各种活动的总称。如 18 ~ 19 世纪中期德国和瑞典的体操体系相继建立，而丹麦的体操体系则是在 20 世纪初期发展起来，在此基础上，体操逐渐形成了一个相对完整且独立的教学内容系统。目前体操主要包括以下几个方面：

一、队列队形练习

队列队形练习分为队列练习和队形练习两部分。队列练习包括原地队列动作和行进间队列动作。队形练习包括图形行进、队形变换、散开和靠拢等。队列队形是体育教学、军事训练、团体操训练和演出的重要内容与组织形式。通过队列队形的练习，可形成正确的身体姿势，养成动作迅速、准确、协调一致和令行禁止的优良作风，培养严格的组织纪律和团队意识。准确地指挥队列队形也是体育教师必须具备的素质。

二、徒手体操

徒手体操是按照身体各个部分的特性，由举、绕、绕环、屈、伸、振、摆、蹲、转等一系列徒手动作组成，练习不同方向、不同路线、不同幅度所编排的动作，包括单人动作、双人动作和团体动作等。它是最基本的体操练习，动作简洁，不受限于运动场所和器材条件，易于普及，具有广泛的群众性，如广播体操、健美操等大众体育项目。多多练习体操可以使头部、颈部、四肢和躯体活动自如，使身体运动更有协调性，并对增强神经系统机能、促进血液循环、促进新陈代谢、消除疲劳、预防疾病、振奋精神等，具有积极作用。

三、轻器械体操

轻器械体操是指在徒手体操的基础上，采用哑铃、实心球、体操棍、跳绳、火棒、沙袋等较轻的器械为基础的身体训练。通过训练，充分利用各种器械的特点增加趣味性和娱乐性，是各级各类学校体操教学与锻炼的重要内容，同时也是大众体操健身中极具观赏价值的运动方式。

四、技巧运动

技巧运动包括滚、滚翻、平衡、倒立、手翻、空翻等。技巧比赛以翻腾、抛接、造型、舞蹈等动作为主。技巧练习对改善人体前庭分析器的功能有特殊作用，发展力量、速度、灵敏、平衡等身体素质，也是各种器材操的基本练习和其他项目的辅助练习内容。

五、器械体操

器械操包括单杠、双杠、吊环、鞍马、平衡木、高低杠等竞技器械项目，也包含许多增强体质、健身和掌握实际技术的器材，如肋木、云梯、体操凳以及各种练习器。通过器械体操练习，可以有效地增强人体的柔韧性，全面发展力量、灵敏、柔韧等身体素质，培养勇敢果断、不畏艰难的精神品质。

六、跳跃

跳法分为一般跳跃和支撑跳跃。通常情况下，跳跃都是以脚为主体，跳起腾空动作，例如跳下器械、交换腿跳、跳起转体、兔子跳、跨跳、结环跳、鹿跳等。支撑跳跃是指用双手或其他部位支撑山羊、跳箱、跳马等器材进行跳跃和腾空练习，并进行支撑跳跃练习，锻炼腿部、上肢和肩部肌肉的力量。练习者可以在练习的过程中培养克服困难、树立信心和勇气的品质。

七、实用类体操

实用类体操包括攀登、爬越、负重搬运、翻越障碍、撑杆攀爬，以及在专门的体操器械上练习等。通过以上的练习，既可以锻炼身体，还可以增强体质，同时练习者可以在练习的过程中提高其在工作和生活中所需要的基本能力。

八、自由体操

自由体操包括徒手、翻腾、跳跃等动作；静用力动作，柔韧动作，倒立，平衡等动作。女子自由体操还包含了波涛、舞蹈等。练习者可以在自由体操练习过程中发展柔韧性、灵活性和协调能力等身体素质，培养正确的身体姿势、节奏感、表现力以及提高艺术修养。

九、健美操

健美操分为大众健美操和竞技健美操。健美操是以体操、舞蹈、音乐为一体，利用各种运动器材进行的一种体育活动。健美操中的乐曲，既有韵律美，又有节奏感，而轻快的曲调则能给人带来活泼轻快的精神愉悦，让人有一种跃跃欲试的冲动。练习者在欢乐的音乐声中进行运动，可以消除疲劳，增强体质，达到健美健身健心的效果。

十、艺术体操

艺术体操是指在音乐的配合下进行的一种以徒手或用轻巧的器材进行的一种身体练习。艺术体操整套的主要技术包括：走、跑、跳、旋转、波浪、绕杆、平衡、抛接器械和舞蹈等。练习者通过练习可以发展柔切、协调、灵敏等身体机能，锻炼出强健的体魄，培养韵律美和音乐素养。

十一、蹦床运动

蹦床是一项利用弹网的反弹来表现练习者空中技巧的竞技运动。蹦床运动是体操、跳水等运动的辅助性训练手段，也是竞技运动项目之一。练习者通过蹦床练习，可以发展弹跳力和灵敏性，训练身体的控制能力，有效地锻炼前庭分析器的功能，培养勇攀高峰的拼搏精神。

十二、啦啦操

啦啦操是通过通种跑、跳、走等基本体操与健美操的律动，各种舞蹈动作以及技巧的翻腾、空中人体抛接与托举等编排成套动作进行表演或竞赛的新兴体育项目。

啦啦操运动起源于美国，至今已有100多年历史。我国自2002年引入啦啦操运动以来，由于该项运动富有激情、充满阳光，讲究集体凝聚力，吸引了广大练习者参与。

第三节 体操的分类

体操根据其目的和任务可划分为两大类：

一、基本体操

基础体操可以提高身体素质，促进身体全面发展，培养人体基本活动能力及提高基本运动技能为目的的体操练习。主要包括：队列队形、徒手体操、轻器械体操、器械体操等。

二、竞技性体操

竞技性体操包括竞技体操、竞技健美操、技巧运动、蹦床运动和艺术体操等。

（一）竞技体操

男子竞技体操有6项，即单杠、双杠、跳马、吊环、鞍马、自由体操。女子竞技体操有4项，即跳马、高低杠、平衡木、自由体操。奥运会体操比赛有4种形式，即资格赛、团体决赛、个人全能决赛和个人单项决赛，4种比赛都进行自选动作的比赛。世界体操锦标赛的比赛形式不固定，奥运会周期隔年设团体赛，但无论选择哪种比赛形式，都进行自选动作比赛。

（二）竞技健美操

竞技健美操是在广泛开展的大众健美操基础上形成的竞技项目，要求在音乐的伴奏下，通过难度动作的完美展现，显示运动员连续表演复杂和高强度动作的能力。健美操必须通过所有动作、音乐和表现的完美融合体现创造性。目前大型的赛事主要是世界健美操锦标赛和世界杯健美操赛。竞赛项目包括男子单人、女子单人、混合双人、三人（性别不限）和集体六人（性别不限）。1983年，世界健美操联合会（IAF）举办了首届健美操国际比赛。

（三）技巧运动

技巧运动的比赛内容是从垫上运动发展而来的。直至20世纪50年代，才成为独立的比赛项目。技巧比赛设有男子双人、女子双人、男女混合双人、女子三人、男子四人共5个项目（单人项目已并入蹦床）。在国内外大型赛事中，有团体赛、全能赛和单套赛3种形式，且只进行自选动作的比赛。技巧比赛根据动作难度、组织编排、完成情况、总体印象和完成动作的时间5个因素进行评分。大众性的技巧比赛，可从实际出发，根据参加者的实际水平和技术情况确定项目和内容。

（四）蹦床运动

1965年国际蹦床联合会正式得到认可，蹦床运动正式成为一项国际比赛项目。蹦床比赛分为蹦床、单跳、双人小蹦床三个项目。比赛分个人赛和团体赛。蹦床世界锦标赛共设男子同步、女子同步、男子个人单跳、女子个人单跳、男子个人双人小蹦床、女子个人双人小蹦床6个比赛项目。1997年，国际奥委会第二十九届大会决议，将蹦床列为2000年悉尼奥林匹克运动会的一项正式赛事。

（五）艺术体操

艺术体操是纯女子比赛项目，1984年首次进入美国洛杉矶奥运会。国际体联艺术体操技术委员会所规定的正式比赛器械有绳、圈、球、棒、带等，每届世界艺术体操锦标赛使用的器械都有具体规定。艺术体操比赛项目分团体赛和个人赛。团体赛又分为集体全能赛和单项决赛，各项比赛均进行自选动作的比赛。大型的艺术体操赛事主要有奥运会艺术体操比赛和世界艺术体操锦标赛。

三、表演体操

体操是一项健、力、美的运动项目，它不但具有强身健体和美育功能，还富有表演的功能，它可以和各种表演艺术融合出现在各种大型集会和文艺舞台上。表演性体操主要包括团体操和舞台体操两类。

（一）团体操

团体操是以体操内容为主体的大型表演项目，它是国内外大型运动会开幕式必不可少的节目。团体操在我国十分盛行，无论举办全国性还是地方性的大型运动会，甚至一些大型庆典活动和学校的运动会都会举行精彩的团体操表演，其他是一种有效的广告和教育工具。团体操可以数十人、数百人甚至数千人参与演出，可在运动场、广场、室内或巡回演出。

（二）舞台体操

体操走上舞台，与文艺节目同台表演，已有相当一段历史了。20世纪80年代以来，健美操、艺术体操、啦啦操等已成为各种文艺汇演的精彩节目，技巧和一些器械体操表演也开始登上舞台，为舞台表演增添了色彩。

第四节 体操的发展简况

一、我国体操的起源与发展

我国是现代体操强国，也是一个具有悠久体操传统的国家。有关古代体操的历史记载数不胜数，可以说，体操在我国的体育发展历史中占有非常重要的地位。我国体育历史的演进分为以下几个阶段。

（一）我国古代体操的发展

早在远古时期，我国就有了体操的萌芽。大量的考古文物、丰富的文字史料、众多社会民族学发展的研究，都有关于我国体操产生和发展进程的记载。我国古代体操总体可归纳为以下四大类。

1. 导引养生术——医疗保健体操的起源与发展

我国古代的歌舞、导引养生术等活动，是体操的“萌芽”。《简明中国历史图册》就选有反映原始社会后期舞蹈形象的器物，如陶盆内壁三组舞人迹象，说明早期舞蹈已成为人们身体活动的一项内容。据《路史·前纪》记载，“阴康氏之时，水隈不流，江不行其原，阴凝而易闷，人既郁于内，腠里滞着而重腿，得所以利关节者，乃制之舞，教人引舞以利导之，是谓大舞”，这就是阴康氏发明的“消肿舞”。人们从实际经验中总结出用近似操类的动作，进行身体活动，防治疾病，从而发展为后来的导引、按跷等古代医疗保健体操。另外，我国古代医学名著《黄帝内经》中的“导引养生术”，以及1973年12月在湖南长沙马王堆汉墓中出土的古代《导引图》，描绘了不同性别和年龄的人做举臂、下蹲、收腹、踢腿、弯腰、深呼吸等40多种动作，与现代徒手体操相类似，至今仍不失为一种很好的健身手段。英国科学家李约瑟博士也认为，西方现代的医疗体操实际上是从中国早期的体操传入欧洲演变而成的，所以西方学者称中国是“医疗体操的祖国”。

东汉末年，华佗在总结前人导引经验的基础上，模仿虎、鹿、熊、猿、鸟五种动物的动作，创编了“五禽之戏”。经常习“五禽之戏”能使身体健壮，少生疾病。据《三国志·华佗传》记载，华佗弟子吴普由于坚持习“五禽之戏”，年九十余，耳聪目明，齿牙完坚。这套“五禽之戏”对医疗保健体操的发展有直接影响。到了宋代，养生术有了进一步发展。广泛流传于民间的八段锦其动作连贯成套，简单易学。其八势分别为：“两手托天理三焦；左右开弓似射雕；调理脾胃臂单举；五劳七伤向后瞧；攒拳怒目增气力；两手攀足固肾腰；摇头摆尾去心火；背后七颠百病消。”古代还有一种叫“易筋经”的健身方法，其要领与八段锦相类似，据考证，清代开始有刻印本。这些导引养生术，是我们祖先将长期的运动、养生实践与中医基本理念相结合，创造出的医疗保健体操，具有全面锻炼身体、防病治病的作用。

2. 百戏、杂技——技巧运动的起源与发展

我国古代的技巧运动，源于史前人类自身的活动和生产劳动实践，主要附会于戏剧、百戏、杂技、民族舞、武术之中，并随着这些项目的发展而发展。这类技巧运动形式主要包括筋斗、倒立、柔术、竿技、绳技等，都需要高度的身体技巧。这类技巧运动在汉代壁画、画像石、画像砖上都有着较为详细的描绘，许多地方还出土了一些反映当时技巧运动的陶俑造型。

魏晋隋唐五代时期，有关技巧的身体运动项目基本上是沿袭汉代并有一定程度的发展。1977 年出土于甘肃省酒泉丁家闸 5 号北凉墓的使乐倒立技巧图壁画，就颇具特点。画面中，在乐队的伴奏下，两位赤足，着红裤、三色裙，腰束带的女伎，正在铺有席子的地上，做两手倒立翻滚技巧。从画面看，这种表现身体技巧的运动项目，在这时已发展得相当成熟了。

唐代初年，中国的百戏（包括一些技巧动作），已流传到朝鲜、日本等国，起到了交流和推动作用。宋元明清时期的技巧活动形式，从宫廷到宴乐，从城镇到乡间，其是城镇的演艺场所和乡村走会表演，都有着多种形式的身体技巧内容。特别是宋朝之后，技巧向着多方面发展，从内容、技术水平上都有了充实和提高。宋朝的杂技（也称散乐）已有鱼跃、燕式滚翻过圈子、过刀门等动作，到了清代，技巧动作技术水平更高。现藏于中国历史博物馆的明人绘《明宪宗元宵行乐图》卷中，就有一部分是表现技巧内容的画面，其形式有登轮、钻圈、倒立旋人、柔术以及叠人等，充分反映了这时技巧项目的发展和盛行状况。清代《清稗类钞》上记载一场耍坛子：“……忽倒竖以两足捧坛直立，以两手履地，绕场而行，良久，忽作虎跳，横转如车轮，忽翻筋斗，起落如蚱蜢……”可见，此时的技巧动作在技术上已趋于成熟，动作也趋于复杂和形象化。还出现了借用器械来完成较难的翻腾动作，如借用“跳板”（称跷跷板）的弹力，做些“跳翻”“接”等动作。表演时一人从高台上跳下，踏在跳板的一端，将站在另一端的表演者（尖子）弹起腾空、翻筋斗，并以燕子般的优美动作，准确地落在同伴的双手上（即对手顶），或落于肩头。

3. 杠子功——单杠运动的起源与发展

我国古代民间流传的杠子功类似于近现代器械体操中的单杠运动。我国东汉

时期，就有了被称为“杠子功”的单杠动作，在木杠上能表演很多动作，当时把这种杠子艺术称为盘龙会。到了清代，杠子功有了很大发展，练的技术已有很高的水平，一般是在庙会中表演。我国古代杠子功具有非凡的技巧，较为特殊的是不用手握杠来完成的一些动作，如拳头顶、金背顶、童子拜观音顶等。这些动作虽属静止姿势，但难度很大，也很惊险，具有我国民族的特殊风格。1960 年，唐墓出土了一件戴竿倒立木俑，戴竿俑着短衫、短裤，腰间系带。头部顶立一竿，竿顶上倒立一赤身的童子。这种戴竿倒立形式，要求戴竿者有较高的技巧和身体平衡能力，其技巧水平由此可见一斑。

皮条与现代体操中的吊环相似，是借助于两根皮条来完成动作。这种民间项目起于何时，尚无确实考据，但在清朝《都门纪略》中有诗：“三条棍子叉来支，中系皮条分手持，鹞子翻身鸭浮水，软中求硬力难施。”从这首诗中，不仅得知皮条的装置，也得知皮条练习的方法及其动作技术特点。皮条动作复杂多变，主要特点是软中求硬，充满了力与雕塑形象美。尤其是集体练习，更能展示人体的健与美。

（二）我国近现代体操的发展

我国近代体操项目，主要是从国外传入，传入途径主要是通过军事学堂和教会。

1. 清末民初西方近代体操的传入

19 世纪 60 年代，清政府为了维护其没落的封建王朝，实行了“新政”，洋务派开始编练新兵，兴办军事学堂，聘请的是英国、美国等国的教练，训练内容是英美等国的体操内容。随后改为德国、日本的军操。如当时北洋水师学堂体育课的内容有木棒、哑铃、平台、木马、单杠、双杠等，属于德国、日本的军操中的有关内容。另一途径是通过教会，外国人在中国设立教会学校、教堂，以及基督教青年会，也开展了一些体操活动，客观上对近代体操的传入，推广起到了促进作用。

1904 年，清朝政府颁布的《奏定学堂章程》规定：公立“各学堂一律练习兵式体操，以肄武事”，第一次将体育课列为学校教育的必修课程，而体操的内容是根据瑞典、德国体操和一些轻器械体操编成的，有准备法、矫正法、徒手、哑铃以及球杆、棍棒等。而柔软体操、小队教练及器械体操等内容是由美国传入日本，再传入中国的。兵式体操则主要来自德国。

由于各级学堂都开设有“体操课”，急需培养体操师资，于是清廷学部通令各省师范学堂办“体操专修科”。1906 ~ 1908 年，创办了江苏两级师范体操专修科、河南体操专修学堂、上海中国体操学校和中国女子体操学校等。这些学堂教学内容，除体育学、教育学、解剖生理学外，还有音乐、舞蹈、普通体操、徒手体操、器械体操、兵式体操、游戏等课程。办学时间最长的是中国体操学校，1908～1927 年共办了 36 届，毕业学生共 1500 多人，这对推动体育运动发展起到一定的积极作用。

2. 中华民国时期的体操开展情况

1912 年中华民国教育部颁布了《普通教育暂行办法》及《普通教育暂行课程标准》，规定中小学每周三学时体操必修课，“兵式体操尤宜注重”。随着教育的发展，全国公、私立体育师范学校相继成立，其中体育类办学时间最长的是 1916 年在南京设立的南京高师体育科，即后来的中央大学体育系。体操项目有吊环、飞环、肋木、平梯、单杠、木马、平台、天桥、平行杠等。第一任体育科主任是美国人麦克乐，他擅长田径和体操，因此受美国徒手体操、单杠、木马、环马（即鞍马）等影响，体操以单杠、双杠、跳箱为主，体操训练活动内容有单杠、双杠、木马、垫上运动等，但当时设备简陋、器械奇缺、技术水平低，全国性比赛几乎没有举行过。

1942 年和 1944 年在重庆举行专科以上学校运动会，参加体操比赛单位无几，参加人数两次约 20 多人。男子项目有单杠、双杠、垫上运动，女子项目有垫上运动和跳箱。1948 年 5 月在上海举行“第七届全国运动会”，第一次把体操列为表演项目，仅有男子单杠和双杠，虽有规定和自选动作，但难度很低，有的动作还完不成。

1927 年后，在中国共产党建立的革命根据地和解放区，虽然处在紧张的战斗环境中，在有限的经济条件下仍然因地制宜、因陋就简，发动群众开展了多种多样的体育活动，其中体操运动也得到了极大的发展。当时，在解放区开展的体操项目主要有木马、单杠、双杠、爬竿和打秋千等。例如，1932 年 5 月在福建长汀举行的“福建全省游艺体育运动大会”，徒手操列入比赛项目；1933 年在江西宁都举行的“八一”江西全省运动大会上有团体操等项目。

1940 年 5 月 4 日成立了我国第一个红色政权下的体育组织“延安体育会”，1942 年 1 月“延安新体育学会”成立，会上推选朱德同志为名誉会长，朱德同志在会上强调了部队开展体操、器械体操的重要性。同年的“三八”节，还举行了妇女运动会，内容有团体操表演等，团体操表演中还组成“妇女解放万岁”的字样。1942 年 9 月 1 日，召开了扩大的延安“九一”运动大会，有 1300 多人参加，体操项目有单杠、双杠、木马和垫上运动，为以后的体操开展起到了积极宣传和推动作用。

（三）我国现代体操

中华人民共和国成立以后，在党和政府的领导和关怀下，我国的体操运动和其他运动项目一样，得到了迅速的发展。

1. 基本体操的发展情况

（1）广播体操。

1951 年中华全国体育总会筹委会、中央人民政府教育部等八个单位，联合发出关于推行“广播体操”（成人、少年、儿童各一套）的通知。1951 年推出了第一套广播体操并很快地在全国各地开展起来，至今共推广了九套广播体操，每天都有成千上万的人，在广播电台播放的音乐声中做广播体操，对增进人民健康起到有益的作用。

（2）生产体操。

1960 年 3 月，国家体委提出编制和推行适合各行各业生产特点的生产体操。一些体操工作者，深入厂矿、农村，以及其他服务行业，结合不同工种的特点、劳动条件、年龄、性别，编制了上百套生产体操。如钢铁工人操、煤矿工人操、纺织工人操、售货员操以及田间地头操等，受到广大劳动人民的欢迎。生产体操的推广，不仅增强了广大职工的身体健康，提高了出勤率和生产效率，同时也活跃了职工的文化生活，对我国厂矿、农村群众性体育活动的普及和开展，起到了积极的推动作用。

工间操倡导的是“快乐工作，健康生活”的理念，为了适应当前我国白领工作繁忙，生活节奏快，参加体育运动少，运动少的特点。大多数的工间操都是以空手操为主要内容，汲取现行九种广播体操的精髓，在活动前采用“原地踏步”的方法进行了热身；基础动作包括：上肢、颈部、胸部等 7 个动作；全身运动，下肢运动，跑步和跳跃运动。复原阶段是放松地拍击和调息动作，并将美术、健美操和健美操的基础舞蹈形式结合起来，其动作简洁、舒展大方，十分适宜于整个社会推广和普及。

（3）广场舞。

广场舞是我国一种古老的民俗舞蹈形式，主要分布在乡村，一般都在春节、正月十五等盛大节日活动中出现，是一种群众性自发表演形式。广场舞蹈形式广泛，种类众多，是目前我国广场舞的主体（原生态广场舞蹈是中国文化瑰宝，历史悠久，文化内涵丰富，也是创作舞蹈的基础）。

后随着我国群众体育的广泛开展，大众健身意识的不断提高，广场舞也不断吸收着许多现代舞的基本形式与内容，融入了大量的现代元素，逐渐从农村走向城市的大小社区，成为中国社区文化中的一个元素。在此过程中，得以不断的丰富与完善。例如，吸纳了健美操、徒手体操、啦啦操等内容，音乐节奏也富于变化，更适合在不同年龄、性别的人群中开展。国家体育总局、文化和旅游部适时对广场健身操舞活动按照引导、扶持、规范的方针，推动其健康有序发展。至今，登上春晚舞台的《小苹果》《最炫民族风》等广场舞曲及在此舞曲下的形式多样的广场舞动作，风靡国内海外、大江南北，曾创下了 18431 人共跳广场舞的纪录。蓬勃发展的广场舞运动给整个社会带来了健康向上的激情，也给大众健身注入了诸多正能量。

2. 团体操的发展情况

20 世纪初期，我国团体操表演已在少数省、市出现，但规模小，内容简单，仅限于徒手操、叠罗汉和组字等。大型团体操表演，是在中华人民共和国成立以后才逐渐开展起来的。20 世纪 50 年代初期，在各省区市大型运动会上或在庆祝节日活动中，常有大型团体操表演。其中影响较大的是在历届全国运动会（以下简称“全运会”）开幕式上的表演，而每届都设立了极具特色的表演主题，例如，第一届全运会表演的主题是《全民同庆》，第二届全运会表演的主题是《革命赞歌》，第三届全运会表演的主题是《红旗颂》，第四届全运会表演的主题是《新的长征》等。2008 年的奥运会开幕式上的大型团体操表演，运用了画卷、活字印刷、戏曲、太极等项目因素，2009 年在济南奥体中心举行的第十一届全运会开幕式表演的《和谐盛世齐鲁魂》、2010 年在广州奥体中心举行的第 16 届广州亚运会开幕式表演的《启航》、2013 年在沈阳奥体中心举行的第十二届全运会开幕式表演的《梦的天空》、2014 年在江苏南京举行的南京青奥会开幕式表演的《点亮未来》、2017 年在天津奥体中心举行的第十三届全运会开幕式表演的《逐梦远航》，都带来了巨大震撼的效果，尤其是 2019 年在武汉体育中心举行的第七届世界军人运动会开幕式表演的《和平的薪火》，运用了清明上河图、敦煌壁画、丝绸之路等极具中国品牌的文化元素，给世界各地的观众带来一场历史文化巨作。2021 年 9 月 15 日晚，第十四届全运会开幕式在千年古都西安隆重举行。全运会开幕式文体展演以《奋斗新时代 奋进新征程》为主题，把中国传统文化在舞台上展现得熠熠生辉。

团体操的主要特点是：队形整齐，变化巧妙；图面清楚，造型壮丽；内容丰富，背景清晰；规模宏伟，组织严谨；意蕴深刻，主题思想突出。团体操主要体现了各族人民的团结精神，以及全国人民热爱党、热爱社会主义、以饱满的热情投入到祖国宏伟的建设事业中，朝气蓬勃的精神面貌。目前，我国团体操表演活动的设计、组织与表演水平居于世界领先地位，已成为我国体育文化生活中不可缺少的一个重要组成部分。

3. 竞技体操发展情况

中华人民共和国成立以后，竞技体操蓬勃发展。我国的竞技体操承继近代的

“兵士体操”“器械体操”，经过一番曲折的发展，终于进入世界先进行列，并取得丰硕成果。

1953 年，苏联体操队访华表演。苏联队技术先进、水平高，对我国体操水平的提高起到了积极作用。各省份也相继建立了各级体操队，开始有目的、有计划地进行训练。1962 年参加第十五届世界体操锦标赛，获得男子团体第四名、女子团体第六名，以及鞍马第三名，为祖国争取了荣誉。1963 年，我国体操队参加了亚洲新兴力量运动会（印度尼西亚的雅加达），男、女双获团体第二名。我国竞技体操的水平，开始进入了世界先进行列，引起了世界体坛的重视。

1978 年，国际体操联合会恢复了中国体操协会的合法席位，中国竞技体操运动和中国体育一样，进入了一个冲出亚洲，走向世界，与世界顶级运动员进行交流和比拼的跨越性崭新阶段。1979 年 12 月，我国参加了第二十届世界体操锦标赛，在间隔 15 年之后，也是我国竞技体操自 1971 年恢复训练 10 年以后，我国体操男队获得团体第五名，女队获团体第四名，马燕红获得女子高低杠冠军，这也是中国获得的第一个世界冠军。此次胜利鼓舞、激励着体操人，向一个又一个高峰攀登，不断接受新挑战，也掀起了中国体操队勇夺世界大赛金牌、跻身世界体操强国之列的历史新篇章。

1979 年 12 月，我国参加了第二十届世界体操锦标赛。男队获团体第五名，女队获团体第四名，并获高低杠冠军。1981 年 11 月，在参加第二十一届世界体操锦标赛中（有 27 个国家参加），男子获团体第三名，同时分别获得了自由体操和鞍马冠军。女子获团体第二名。1982 年 10 月 24 日，在前南斯拉夫萨格勒布举行的第六届世界杯体操赛上，中国体操男队取得史无前例的优异成绩——19 岁的李宁一人摘得 6 枚金牌、1 枚铜牌；21 岁的童非与李宁并列单杠冠军，还收获全能亚军以及自由体操、吊环和跳马的季军。由于这个成绩只有获得全部 7 项个人金牌或包括全能之内的 6 项个人金牌再加个人单项的银牌等两种情况才能打破这个纪录，李宁因此被誉为“体操王子”。

1983 年 10 月，在第二十二届世界体操锦标赛中，中国队以总分 591. 45 分的优异表现，战胜了苏联队和日本队，第一次获得了男子团体世界冠军，还分别获得男子自由体操、双杠冠军。

在 1984 年第 23 届洛杉矶奥运会上，中国女子体操选手马燕红带伤作战，在高低杠决赛中获得冠军，成为中国第一个体操奥运冠军，她也为中国摘得第一枚奥运会体操金牌。1984 年 8 月 4 日，第 23 届洛杉矶奥运会体操比赛进入第 6 天，“体操王子”李宁在单项决赛中一日独得三金（自由操、鞍马、吊环），奏响了中国体操神话篇章的序曲。

2000 年 9 月 18 日，在第 27 届悉尼奥运会体操男团比赛中，中国队力压强敌夺冠，这也是中国体操队参加奥运会 16 年以来首次夺得体操男子团体金牌。

2006 年 10 月 18 日，中国女子体操队在世界体操锦标赛中以 182. 2 分成绩夺得女子团体冠军。这是中国女子体操队第一枚世界团体金牌。

2006 年第 39 届体操世锦赛，遭遇了雅典奥运会惨败的中国体操队在此次世锦赛中共收获了 8 枚金牌，创造了单届世锦赛夺金的纪录。

2008 年 8 月 13 日，在北京奥运会女子体操团体决赛中，中国队以 188. 900 分力压对手夺冠，这是中国体操女队首次夺得奥运会团体的冠军，创造了历史。

2008 年 8 月 19 日，在北京奥运会男子双杠决赛中，李小鹏以 16. 450 分获得冠军，这是他个人获得的第 16 个世界冠军，几天前夺得男团冠军之后，李小鹏就已经超越了体操王子李宁，成了中国体操夺得世界冠军最多的选手。而这个冠军也刷新了自己保持的纪录，成了当之无愧的中国体操第一人。

2008 年北京奥运会中国体操队家门口作战，他们的表现没有令主场观众失望，在全部 14 个项目中，中国队夺得了其中的 9 枚金牌，其中男队更是在 8 个项目中仅让跳马一个项目金牌旁落；最终中国体操队以 9 金 1 银 4 铜的神话战绩达到了辉煌的顶点，金牌总数甚至超越了有着“钢铁军团”之称的举重队，创下了后人难以超越的传奇历史。

作为我国的传统优势项目，中国体操自 1984 年洛杉矶奥运会李宁获得第一块体操奥运金牌以来，至 2021 年 8 月 3 日中国体操队共获得 29 枚金牌。中国体操队最近几届奥运会起伏很大，在 2008 年北京奥运会拿下 9 枚金牌达到鼎盛，但是在 2016 年里约奥运会却遭遇零金尴尬，最终战绩仅为两枚铜牌。

2017 年在蒙特利尔体操世锦赛上，肖若腾获得男子个人全能冠军，这是北京奥运会杨威之后，时隔九年，中国队再次获得男子全能金牌，邹敬园获得男子双杠冠军。

2021 年东京奥运会中国体操队出师不利，在前面的比赛中获得 1 银 2 铜，在最后两个比赛日后来居上，获得 3 金 2 银，包揽了男子吊环和女子平衡木的金银牌。邹敬园获得男子双杠冠军。刘洋凭借全场最高的完成分拿到总分 15. 500 分夺得吊环项目金牌，尤浩凭借全场最高的难度分拿到总分 15. 300 分获得吊环项目银牌。

2022 年体操世锦赛在英国利物浦落幕，男子团体决赛，中国队以总分 257. 858 分获得冠军，中国选手邹敬园在男子双杠项目中夺金，这也是他在本届世锦赛上继男子团体金牌和吊环银牌后获得的第三枚奖牌。中国体操队以三金两银结束了本届世锦赛征程。

4. 技巧运动发展

我国技巧运动具有悠久的历史，基础好，有独特的艺术风格。1956 年举行了第一次全国性的技巧运动表演，1957 年正式列为比赛项目。1959 年第一届全运会上，技巧水平接近国际比赛的要求。为了进一步开展技巧运动，国家体委于 1963 年公布了《技巧运动员等级标准》。1964 年在西安举行的技巧比赛中，通过了第一批运动健将。1979 年我国加入了《国际技巧联合会》。从此，我国技巧运动进入了国际竞赛的行列，技术水平得到了迅速的发展和提高。

世界技巧锦标赛（Acrobatic Gymnastics World Championships）是由国际体操联合会主办的世界最高水平的技巧赛事。1973 年国际技巧联合会成立，1974 年在苏联举行第一届世界技巧锦标赛，以后，每逢双数年举办世界技巧锦标赛，每逢单数年举行技巧世界杯赛。1985 年 12 月，国际技巧联合会获得国际奥委会承认，这有利于将技巧运动列入奥运会的比赛项目。

1980 年我国首次参加在波兰举行的第四届世界技巧锦标赛，获得了 7 个项目中的 5 个第三名，14 个单套项目中的 6 个第三名。1981 年参加在瑞士举行的第三届技巧世界杯赛，全能 7 个项目中获 2 枚金牌、2 枚银牌、2 枚铜牌。1982 年在英国举行的第五届世界技巧锦标赛中，全能决赛获 2 枚银牌、1 枚铜牌，单套比赛中获 1 枚金牌、2 枚银牌、5 枚铜牌。1983 年在美国举行的第四届技巧世界杯比赛中，获全部 21 枚金牌中的 10 枚金牌，以优异的成绩为祖国争得了荣誉。1984 年在保加利亚举行的第六届世界技巧锦标赛中，获 11 个亚军、6 个第 3 名。1985 年在我国北京举行的第五届技巧世界杯赛，中国队战胜了实力强大的苏联队，夺得女子单人、男子双人、男子四人和 6 个单项的冠军，获得 9 枚金牌、7 枚银牌、7 枚铜牌。

在 1993 年与 1994 年的世界技巧锦标赛上，中国技巧队取得了金牌总数与全能的双料冠军；1980 ~ 1994 年，中国技巧男双取得金牌 23 枚，占该项目金牌总量的“半壁江山”。自 1990 年开始，中国技巧运动队伍始终跻身世界前三强，并两度获得世锦赛团体总分第一，男双项目更创造过“十五连冠”的惊人战绩，充分证明了中国技巧运动的强劲实力。1994 年 10 月 30 日，第十一届世界技巧锦标赛落幕，中国队夺得全部 22 枚金牌中的 15 枚，从而获得了本次大赛的团体冠军奖杯。

然而，1995 年开始，随着奥运项目取代大量传统运动项目成为中国竞技体育重点发展对象，作为非奥运比赛项目的技巧运动至此由盛转衰，开始步入低谷。全运会比赛项目也结合《奥运争光计划纲要》的制定进行了巨大调整。各省市为保体育政绩而对技巧运动队伍大幅压缩甚至解散，即使少数幸而被保留的队伍也因编制减少造成运动员数量锐减。

1985～2005年中国技巧运动员参加国际比赛的人员数量高低值差距竟高达5倍。1998年参赛运动员仅为1992年的20%。运动员数量的减少导致我国技巧运动比赛成绩随之快速下滑，2000年世锦赛时尚有4金5银的奖牌数量，到2008年世锦赛时仅仅只有1枚银牌的成绩。

2012年在美国举办的第23届世界技巧锦标赛，和2014年在法国举办的第24届世界技巧锦标赛上，中国都获得了男子四人项目的冠军。

第25届世界技巧锦标赛于2016年4月在我国福建莆田举行。经过3天的角逐，共决出5枚金牌。中国再次获得男子四人项目的冠军，俄罗斯包揽了其他四个单项的冠军。

2018年第26届世界技巧锦标赛在比利时安特卫普举行，中国队仅收获女子团体项目铜牌。

2023年国际体联技巧世界杯（波兰站）于2023年6月11日在波兰热舒夫市落下帷幕，中国技巧队荣获男四冠军、女三第六名的好成绩。本次比赛共有来自世界各地的14个国家参赛，也是疫情以后我国技巧队首次参加技巧世界杯比赛。

二、世界体操的起源与发展

（一）古希腊体操

体操的历史源远流长，据史料记载：古代埃及的普塔——郝台普和埋莱鲁卡墓（公元前2470年至公元前2160年）中，画着一个孩子站在另一个孩子的肩上和臂上，由同伴托着他跑。另外，在贝尼·哈珊开泰王子墓中，发现有头倒立的男子画（公元前2050年）。这两幅画像就是平衡动作。埃及信奉神灵，在祭祀活动时，常进行一些竞技活动，如赛跑、舞蹈。这些舞蹈类似技巧的动作，如下桥、手翻、侧手翻、双人滚翻、叠罗汉等。这些古老文物，对研究体操起源有较大的参考价值。

体操作为一种教育手段和方法，起源于古希腊。从“体操”一词来看，希腊语叫Gymnas－tike，来源于古希腊Gumnios（这个词的意思为裸体。相传古希腊人都是裸着身体进行锻炼的）。在很长的时期内，人们把一切身体的活动都称为体操。

公元前8世纪至公元前6世纪，希腊的奴隶制普遍地确立和繁荣起来，从此揭开了人类文明史的序幕。生产力的发展，使体育运动的形成和发展成为可能。奴隶社会初期，是掠夺和征服的时代，是英雄时代，各个民族的部落和城邦首领为了争夺财富、掠夺奴隶和扩大生存空间，相互之间战争频繁。在短兵相接的冷兵器时代，要取得战争的胜利，除了智力，就是体力，必须依靠强壮有力的身体和灵巧娴熟的搏斗技能。因此，各城邦首领认识到培养和锻炼强壮身体的必要性，进而倡导竞技运动。体育的形成是因为战争的需要、城邦巩固扩大的需要。

古希腊人把体操（体育）作为锻炼身体的手段。体育教育也包含军事因素，如雅典的教育体系中希腊儿童13岁进入“斗争学校”，为期3年，主要是体育训练锻炼强健的体魄。儿童在这里学习游戏、舞蹈、作战、掷球、投枪、赛跑、射击、骑马、游泳和野营训练等。16～18岁进入“青年人体育学校”，开设的课程都与军事实践有关。18～20岁升入“成人学院”，他们将获得最后的军事训练。而一些体操还被用于军事训练和竞技之前的准备活动。例如，古罗马人利用木马等体操器械来锻炼骑马技术。由此可见，随着人类社会的发展，世界上一些文明古国已出现了一些体操活动的“萌芽”和“迹象”。

（二）近代西方体操的产生

近代体操是人类进入现代资本主义时期，在近代科学的基础上发展起来的，也是古代体操的继承与发展。它的兴起和欧洲文艺复兴运动、宗教改革与启蒙运动都有密切关系。这是促进和形成近代体操的重要因素。由于欧洲一些国家经过三大文化运动，开始重视青少年的身心全面发展，为了加强学校体育教育，把希腊体操用于体育教育实践。例如，在文艺复兴时期，意大利医生H. 美尔库里亚利斯曾著《体操术》一书，全书共六卷，几乎收集了古希腊、古罗马所有的体育运动，并详细地阐述了体育的目的、任务、内容、原则、分类、方法及各种运动效果。他认为《体操术》是“医学体操术”而不是“竞技体操术”，抨击了竞技职业化，肯定了“军事体操术”。他的“医学体操术”虽未能实现，但《体操术》在各国发行后，成为后来体育教育的医学基础，影响很大。到18世纪，从德国体操开始，世界近代体操逐渐形成了一个完整的体操体系。

1. 德国体操体系

（1）巴泽多和博爱学校的体育。

巴泽多（J. Baseow，1724～1790）是德国著名的博爱教育家。他受卢梭《爱弥儿》一书的影响，1774年在德绍创立了一所私人学校（也叫博爱学院）而出名。他实施的教材有三种：一是古希腊体操，即“古希腊五项竞技”，主要是赛跑、跳远、投掷（投盘、投枪）和摔跤；二是古代骑士运动，主要是剑术、马术和舞蹈；三是日耳曼民族游戏，包括手球、撞柱戏、大球戏、跳背和滚翻等。后来该校体育主任J. F 西蒙，根据古希腊五项竞技改为“德绍五项”——赛跑、跳跃、攀登、平衡和负重（即搬运）。后又有他的继任者J. B 托伊特首创体操器械——斜梯。另外，曾任德绍学校的校长菲特，于 1794～1795 年出版了世界体育史第一部《百科全书》，书中还设计使用了体操器械——平衡木、木马、弹簧板和不同高度的单杠等，为近代体操发展起到了很大作用。

（2）古茨穆茨对德国体操体系的影响。

古茨穆茨是德国博爱教育家，从事体育事业有 50 年之久，是德国的体育先驱，近代体育的倡导者。他的著作很多，在 1793 年的《青年体操》（第一版）中，他把体操（泛指体育）分为八项运动、手工作业、青年游戏三部分。其中八项运动与近代体育的发展关系密切，具体内容是：跑、跳跃、投掷、角力、悬垂与攀登、平衡运动、举起、搬运、手倒立、拔河、跳绳、滚翻，舞蹈、步行、兵士运动（兵式体操）。并提出了人体运动的四种分类方法，即按运动目的、性质、解剖学特点和动作类型分类。在 1804 年《青年体操》（第二版）中，他将人体运动分为步行、跳跃、跑、举物、角力、游泳、攀登、平衡、投掷九类。

古茨穆茨曾力图在理论和实践上，使当时德国的体操（泛指体育）成为一个体系。他广泛应用实物教学，特别注意单杠、跳跃器械、平衡木、软梯及滚翻运动等器械体操的内容。他对近代体育和德式体操体系的发展有深远影响，曾被人们誉为“德国体育之父”。

（3）杨氏和德国体操体系。

弗里德里希·路德维希·杨（F. L. Jahn，1778～1852）是德国著名的体操家。1816 年杨与艾泽伦合作出版《德意志体操术和体操场的建设》一书。他不仅对体操的内容与形式有创新，而且在近代器械体操的革新创造方面，经过实践形成了自己的一套体操体系，他是体育史上第一位研究体育术语的专家。

由于杨是把德国体操从学校的狭小圈子导向社会的第一人，曾被称为“德国国民体操之父”，他在近代体操上的业绩有三个方面。

第一，体操器械的改革和创新。

单杠——始于维斯和古茨穆茨，杨推广和发展了单杠运动，1822 年做了公开表演，以后传遍德国和欧洲各国。

双杠——为杨 1812 年创造，有支撑、摆动、腾越及悬垂等动作。

木马——创始于古罗马（当时有头、尾、四肢），维斯去掉马头，杨去掉马尾，上蒙牛皮，形近于现代。

另外，杨还创制改革了跳跃器、吊绳、吊杆等。

第二，扩大了体操的实施范围。1811 年，杨于柏林附近修建了最早的体育场之一——青年体育场。场中设备有：单杠、双杠、木马、鞍马、荡桥、斜梯、吊绳、吊杆，以及赛跑、跳跃、投掷、角力等运动场地。吸引了青年学生和社会人士前来进行体操活动。他还建立了近代最早的体操组织之一“体操协会”。参加体操协会有1714人（1817年）。他举行最早的一次运动会是在1814年，项目有跳跃、木马、悬垂、走天桥、荡桥、攀登、牵拉（类似拔河）、摔跤、跑阶梯、斜坡跑、螺旋跑、蛇形跑等，其中有的表演，有的进行比赛。

第三，把体育同精神、意志教育紧密结合。杨有强烈的爱国主义感情和民族主义意识，渴望打破拿破仑的侵略，使德意志获得统一。他很注意培养人们勇敢顽强的意志和进取精神。在其体系中，十分重视效率练习、器械练习和竞赛游戏。但是由于过分强调意志品质培养，忽视了人体生理特点和通过体操练习达到人体健美的作用，甚至否定以均衡发展为目的的瑞典体操，从而造成他的片面性和缺乏科学的弊病。

（4）施皮斯和学校体操。

继杨氏体操之后，施皮斯是在德国体操史上影响最大的人物。他精通剑术和体操，在古茨穆茨和杨的基础上，修正改造了一套适合当时学校需要的教学体操，把体操重新引入学校。因而在体育史上被称为“学校体操教父”，主要包括三个内容。

协同体操（悬垂和支撑运动）：即许多学生在同一器械上（攀登架、长双杠、支撑棒等）同时协同活动。

秩序运动（队列练习）：即士兵体操，以训练服从和守纪律为目标，还规定了一些新的术语、名称，使其更严谨。

徒手体操：包括上肢、下肢、头部、躯干和各种综合运动，按口令、节拍配合音乐进行，培养人体协调美。

另外，他创编了一些徒手体操和轻器械体操。在体育教学中最早采用分段教学和完整教学法，首次将音乐与体操教学结合起来，为后来的女子体操，以及现代体操项目中的自由体操开创了道路。他还创建了德国最早的室内“体操馆”（1848年），馆内设有吊杆、单杠、双杠、云梯、山羊、跳台、竹马以及悬垂、用棒的跳跃等。他还著有《体操理论》（共四卷）、《学校体操》等书。

2. 瑞典体操体系

林氏（P. H. Ling，1776～1839）是瑞典有名的戏剧家、体育家、文学家和诗人。1814年，他创建了“皇家中央体操学院”，担任校长长达25年之久。他强调体操理论必须符合人体各器官运动法则，并认为体操是一门运动科学。他还力图使教育体操与医疗体操符合解剖学、生物学的要求，使之具有科学性。他创设了栅栏、瑞典栏、窗梯、跳箱和平均台等器械。

1839年，林氏的继任院长布兰廷（L. G. Branting）于1840年把林氏《体操的一般原理》遗稿整理出版。该书特别强调了身体活动的各部位要协调；人与器械之间能按个人意志运动，通过体操活动医治、矫正身体某部分的缺陷，使之恢复功能，协调一致；体操应是健美的，是表现精神、感情的运动，以求得身心协调发展。根据“体操的一般原理”将体操分为四类，即教育体操、兵士体操、医疗体操和健美体操。林氏在使近代体育沿着科学化的方向发展作出了很大贡献。

3. 丹麦体操体系

丹麦体操是实施近代体操最早的国家之一。其代表人是那赫特格尔。1804年，他开创了早期的军事体操学院，以有组织地训练陆海军人员为目标。后来又设立了以培养体操教师为目标的普通体操学院（1808 年）。丹麦体操是综合德国、瑞士等国体操而形成的一个体系。布克的基本体操，在 19 世纪末对世界影响很大。其特点：一是重视对人体的改善矫正并以此促进教学为目标；二是布氏体操更注重动作的连贯、流畅和有节奏。

4. 捷克体操体系

捷克体操也是世界上实施较早的流派之一。1862 年，捷克“天鹰”（又译为“雄鹰”）体操学派的诞生，对近代、现代体操的发展有一定的贡献。

第一，使竞技体操作为一个独立项目逐渐发展起来，使现代体操的内容与分类（基本体操、竞技体操、技巧运动、艺术体操和辅助体操）更加趋于完整；

第二，“天鹰”派体操活动强调动作优美、整齐一致的体操表演，对后来团体操的形成与发展有较大影响；

第三，“天鹰”派还编制出版体操术语等理论书籍，创立了器械体操分类法，对体操理论的发展有一定作用。

1881 年，欧洲体操联合会成立。1896 年，成立了国际体操联合会。同年，在希腊雅典举行的第一届奥运会上，体操被列为竞赛项目之一，从此便有了现代竞技体操。

第二章　体操的保护与帮助

大部分的器械上体操、技巧等动作，对练习者的抓握能力、悬垂与支撑能力、平衡能力、空间感觉能力等都是一种培养和锻炼，并且要想顺利完成动作，对这些能力的基础能力也是有一定要求的。同时，由于这些动作中的大部分会使练习者在进行动作学习或训练时，产生恐惧心理。因此要保证练习顺利并能够掌握动作技术，除了要明确掌握动作要领和练习方法外，还必须采取保护与帮助的方式，给学生提供心理、能力等方面的支持和帮助，以提升练习者在动作练习时的安全和信心。

在体操教学和训练中，要更好地利用各种保护与帮助的手段和方法，充分发挥其在体操教学和训练中的作用，并使其成为一种有效的教学和训练技术。在体操教学、训练和比赛中，为了防止和预防突发事件，也应采用相应的防护手段。帮助是指在练习者体操运动时，适时地向练习者提供帮助、信号或放标志物、限制物等，以便快速地掌握、改进和提高运动技巧。所谓“自救”就是防止意外事件的出现，所谓“协助”，就是让操作者尽早地树立正确的“运动观念”，理解“要领”，从而掌握、改进和提高“运动技巧”。从另一个角度来说，“保护”和“援助”有着紧密的关系：“保护”既具有一定的“帮助”含义，也具有“保障”的作用。保护与援助无关，协助就是提供援助，二者意义是不一样的。在一定的范围内，要想得到保护，就要有一个安全的保障，因此，在练习时，不能将“保护”与“帮助”两相分离。

在进行体操运动的过程中，通常运用“保护”和“帮助”是高校体育教学和培训的一个重要特点。第一，在保证和帮助下，让练习者勇于实践，减轻练习者在运动中的身心负荷，提高信心；第二，在训练中给予正确的支持，有助于练习者逐渐认识运动的要旨，逐渐地把握肌肉力量的节奏、时机、力度和方向，最后实现运动的教学目的；第三，在体操教学和培训中，教师要有计划有目标地使练习者掌握自我保护和帮助的能力，从而使学生养成互相关心、互相爱护、互相帮助、团结协作的良好素质；第四，在体操训练中，保护和协助是一门技巧，它是体操运动能力中的一个关键环节，在训练过程中，在进行防护和辅助训练的过程中，可以促进练习者对此技巧的熟练运用。在此基础上，练习者可作为校内的运动与运动的中流砥柱，作为教师的有力帮手，对于指导教师上好培训课程，促进课后的体操运动和群众健身运动，都有着十分重大的作用。

第一节　保护与帮助的分类和内容

一、保护与帮助的分类

体操教学与训练中，保护与帮助的方式多种多样。保护可分为他人保护、自我保护、利用器械保护，帮助可分为直接帮助、间接帮助、利用器械帮助。在体操教学与训练中，保护与帮助是学生掌握体操动作的外部条件，在学习的过程中，如果过多地采用助力性的帮助，就会使学生产生练习依赖，不利于动作的学习和掌握。因此，运用保护与帮助时，教师或学生一定要根据具体的教学情况、教学条件以及不同学习阶段学生对动作的掌握情况合理运用（见图 2－1）。

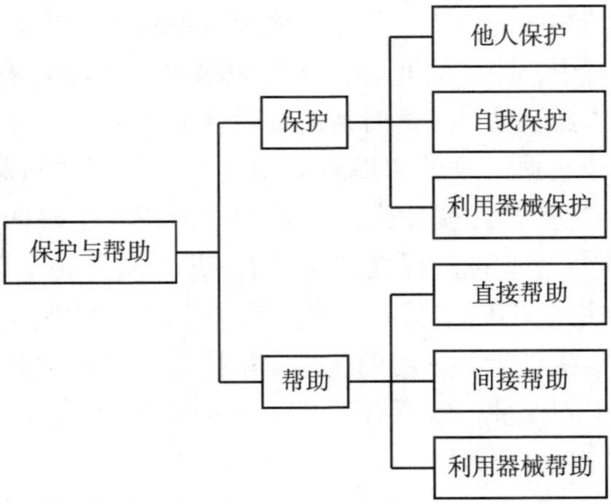

图 2－1　保护与帮助的分类

（一）他人保护

他人保护是指练习者因技术动作不熟练或因意外而发生危险时，保护者及时采取措施，使其摆脱险境，从而维护练习者安全的方法。常用方法有接、抱、挡、拦、拨等，主要是通过各种保护手法改变练习者的动作方向、顺势缓解或加快练习者的动作速度，从而避免摔倒和掉下给练习者带来危险和损伤。

（1）单一动作保护：在体操练习时，保护者针对某一个动作所实施的保护叫单一动作保护。这种方法在练习初期或对初学者运用较多，保护者手法运用较单一，站位也相对固定。

（2）组合动作保护：在体操练习时，保护者对两个（包括两个）以上动作的组合练习所实施的保护叫组合动作保护。这种方法主要在单个动作掌握比较熟练后进行多个动作连贯性练习时运用，手法较复杂，而且保护者的步伐要随练习者的运动方向移动。

（二）自我保护

自我保护是指练习者由于技术上的失误而发生意外时，独立运用相应的技巧和自救动作摆脱危险的方法。常用方法有以下几种：

（1）器械上自我保护：练习者在体操器械上练习时，由于技术、器械或护具的问题引发意外时，采用及时终止练习、跳下或坐在器械上、双手或单手握住（抱住）器械，避免受伤的方法叫器械上自我保护。例如，练习者从单杠上摔下时两手或单手紧握器械防止掉下时身体受伤。

（2）落地自我保护：在体操动作练习结束落地失去平衡时，练习者顺势改变动作性质和身体姿势，以减小身体重要部位与地面撞击摆脱危险的方法叫落地自我保护。例如，落地摔倒时，练习者顺势利用前、后、侧各种滚动或滚翻，以避免受伤。

（三）运用器械保护

运用器械保护是指在体操练习中，保护者（教师）通过运用护掌、单杠护腕套带、双杠棉护套等专门器具和采用海绵包、海绵垫、海绵坑、单杠保护轴承拉带等专门器械，帮助练习者缓解心理压力从而更好地完成动作的方法。

三、帮助的分类

训练中应适时地向练习者提供助力、信号或放标志物、限制物等，以便快速地形成正确的运动观念。掌握、改进和提高动作技术的措施叫作帮助。帮助分为直接帮助、间接帮助和利用器械帮助三种。

（一）直接帮助

帮助者直接给练习者助力，使其更快地建立正确的动作概念，更好地掌握、改进和提高动作技术的措施叫直接帮助。常用的直接帮助手法有以下几种：

（1）托。用于使身体升高或靠近器械轴。如器械的一些练法，如技巧的手翻、空翻类的动作均可采用。托的部位应根据动作需要确定，如双杠前摆上应托腰背，后摆上应托腹部。

(2) 顶。主要用于顶肩，以便肩角充分拉开，加大动作幅度或有利于支撑推手，提高腾空高度。如技巧和跳跃的手翻类动作，均可采用顶的手法。

(3) 送。用于使身体重心远离器械轴，提高身体位置，获得较大的摆动力量。如单杠的悬垂起摆和弧形摆可用送的手法。

(4) 挡。这是一种阻力性助力，用于减慢动作速度或阻挡身体翻转。如单杠支撑后回环，当回环力量过大时，可用阻挡的手法帮助制动腿。

(5) 拨。用于顺势加大回环力量与翻转速度。如单杠的骑撑前、后回环，技巧的前空翻，都可顺势用拨的手法。

(6) 提拉。用于帮助摆脱器械或增加推撑力量。如跳马屈腿腾越，可提拉大臂；技巧后滚翻成手倒立，可提拉小腿。

(7) 推。用于帮助加速水平速度。如技巧的手倒立前滚翻，在前滚的过程中，可顺势推其背部。

(8) 搓。用于转体动作，以加大身体沿纵轴转动的力量。如技巧的挺身后空翻转体，可采用搓的手法。

(9) 扶。用于帮助练习者稳定重心，维持身体平衡。如各种倒立和平衡动作，可采用扶的手法。

帮助的手法还有很多，值得注意的是不同的项目、不同的动作有不同的帮助手法，要根据具体动作和实际情况灵活运用。

（二）间接帮助

帮助者不直接给练习者助力，而是通过信号、标志物和限制物等手段，使练习者掌握正确的用力时机、节奏，体会所在的空间和方位，尽快地学会动作和提高动作质量的一种措施叫间接帮助。间接帮助的方法有以下两种：

1. 信号法

运用语言、呼声或击掌等，向练习者示意用力时机、动作节奏和动作要领。如做双杠挂臂屈伸上时，帮助者可发出“收”“伸”“压”“跟”或通过数“1—2—3—4”等信号，间接帮助练习者完成动作。

2. 标志物和限制物法

用绳、竿、球、手帕、小旗或其他醒目物品，示意动作的方向、幅度和范围，帮助练习者建立正确的空间感。如跳马侧腾越，可用吊球做标志物置于跳马的侧上方，让练习者用脚去触球。

（三）利用器械帮助

常用的器械有保护滑车、保护腰带、轴承保护带、保护手套、全旋练习器以及各种保护凳、保护台等。使用专门的器械帮助，其最大优点是安全、可靠，有助于消除练习者的害怕心理，使之正确体会动作要领，缩短教学过程，促进技术的提高。

第二节　保护与帮助的运用和要求

一、保护与帮助的要领

（一）正确站位

在体操教学中，教师或保护与帮助者要正确选择好站立的位置，充分发挥保护与帮助的作用。实践证明，保护与帮助的站位有一定的规律性，只要掌握了这些规律，就可以正确选择各种站位，使保护与帮助起到实效。

1. 技巧的保护与帮助

凡是向前做动作时，保护与帮助者应站在练习者的前侧方；凡是向后做动作时，保护与帮助者应站在练习者的后侧方；凡是向侧做动作时，保护与帮助者应站在练习者的背侧方。

2. 支撑跳跃的保护与帮助

帮助练习者练习第一腾空技术时，帮助者应站在跳板与跳马（或山羊）之间的侧前方，帮助练习者顶肩和拔腿；落地保护时，保护者应站在练习者落点的侧方，通过挡、扶帮助练习者稳定平衡；练习斜向助跑动作时，帮助者应站在跳马的近端，通过两手的顶、托帮助练习者完成动作。

3. 双杠的保护与帮助

对于悬垂与挂臂动作，保护与帮助者应站在杠外一侧，以便从杠下给予帮助；对于杠上动作，保护与帮助者应站在杠外一侧，最好是能站在高台上进行帮助；对于落地动作，保护与帮助者应站在练习者落点的外侧方，以便扶持练习者落地的稳定和平衡。

4. 单杠、吊环、高低杠的保护与帮助

摆动动作至垂直部位时速度最快，也是最容易脱手的地方。所以凡向前做摆动时，保护与帮助者应站在器械垂直面的前侧方；凡向后做摆动时，保护与帮助者应站在立于垂直面的后侧方或高台上进行保护与帮助。

5. 平衡木、鞍马的保护与帮助

对于平衡木，保护与帮助者可视动作不同站在平衡木的两侧或落地点的两侧进行保护与帮助；对于鞍马，保护与帮助者可视动作不同站在鞍马的前、后、侧进行保护与帮助。

6. 攀爬的保护与帮助

攀爬是在爬竿、爬绳、肋木、柜墙等专门器械和设备上，以手或脚并用向高处或低处攀爬的一种练习。练习者在练习时很容易受伤，因此，保护与帮助者应站在器械和设备的下方或侧下方紧靠练习者的位置进行保护与帮助。

（二）灵活移动

在体操练习中，除少数静止动作外，大部分都是动态的和组合的动作。所以除了合理选择手法和站位外，还必须要有灵活移动的步伐，才能使保护与帮助发挥实效。通常练习者在做单个动作时，保护与帮助者应根据各类动作的特点，采用两脚左右或前后开立的姿势，同时配以小步移动；当练习者做组合动作或成套动作时，保护与帮助者应随着练习者的动作变化，配以前、后、左右的步伐移动，以保持最佳站位，给予练习者有效的保护与帮助。

（三）时机恰当

在体操练习中，掌握好保护与帮助的助力时机，是保护与帮助获得实效的关键。助力的时机必须符合动作技术的要求，过早或过晚的助力不但没有效果，而且还会破坏动作节奏和韵律，造成动作失误，甚至造成运动损伤。所以，只有保护与帮助者掌握了恰到好处的助力时机，才能充分发挥保护与帮助的有效作用。

（四）助力适度

在体操教学中，保护与帮助者助力的大小和方向取决于每一个动作技术的要求和练习者的实际需要。通常情况下，在初学阶段的助力要大些，随着技能的提高，逐步减少助力，直至最后独立完成动作；其次是对身体素质较差、体重相对较大的练习者的助力相应较大；最后是要注意顺势助力，即常言说的“四两拨千斤”，那种因晚半拍而抵抗重力式的助力只能是事倍功半。

（五）部位准确

助力部位是指保护与帮助者给予练习者助力的作用点。助力部位正确、合理能够发挥帮助的最大效应。实践证明，在体操教学训练中，保护与帮助者给予练习者最合理、正确的助力作用点就是在人体总重心的附近部位或运动轴两侧的身体重心附近的部位。

（六）适时“脱保”

在体操教学实践中，由帮助过渡到保护容易掌握，而从保护过渡到“脱保”独立完成动作就相对较难掌握。过早“脱保”，容易造成伤害事故；过晚“脱保”，又会使练习者产生依赖性而延缓完成动作的时间。所以，判断练习者在练习中是否具备了“脱保”条件十分重要。实践证明，可以从以下几个方面来确定练习者能否“脱保”：已形成正确的动作技术，且成功率较高；已具有清晰而且正确的运动感觉和较强的自我保护能力；有强烈的“脱保”愿望和充分的信心以及坚强的意志和充沛的体力。当练习者基本具备了上述条件后，可以考虑让其“脱保”。在“脱保”阶段，教师或教练应根据练习者的个体情况，注意完全“脱保”、相对“脱保”和相对保护的合理运用，在保证及时、正确地完成动作的同时确保练习者的安全。

二、对保护与帮助者的要求

（一）具有较强的责任心

在体育教学和训练中，要充分了解和重视保护与帮助的意义和要加强对保护和帮助工作的重视，让教师和练习者自觉承担起义务，既要将保护和帮助视为一种有效的培训工具和培训项目；要意识到这一点，对于维持和提高练习者的体质、加速对运动技术过程的掌控是非常重要的。在保护与帮助时，应集中精力，耐心细致，任劳任怨，不能有丝毫的松懈。在危急关头要有舍己之心，不惜一切代价，竭尽所能地使练习者脱离险境，保证其平安。

（二）要熟练地运用好保护与帮助技巧

保护与帮助是体操教学训练中基本的技能之一。保护帮助者需要熟练地运用这一特殊的技巧来进行有效的保护与帮助。初学时，会觉得生疏、别扭、无从下手、使不出力，还会被打、砸，影响了练习者做动作。这就要求一个从生疏到精通，从不会到会的过程，逐渐掌握良好的保护与帮助技能。

（三）准确使用保护与帮助的方法和手段

“脱保”是独立完成任务的标志，也是动作教学与训练的最终目的。为此，在保护与帮助中，必须掌握好“脱保”时机。“脱保”的时机应根据学生完成动作的情况、精神状态、环境因素等进行。当练习者对动作要领和细节都较清楚，动作技术已掌握，成功率较高的情况下，自我保护能力和意志品质良好，有强烈的“脱保”愿望和对独立完成动作充满信心时，是“脱保”的良好时机。值得注意的是，“脱保”时机要选择练习者精力充沛、精神集中的时候，千万不能盲目“脱保”。有时练习者对动作的掌握会出现反复，特别是在初步掌握动作或动作的泛化阶段，已经掌握的动作还会出现反复，因此，“脱保”的运用必须根据练习者练习时的具体情况而进行，把“助力—保护—脱保”三者密切结合起来运用，采用“脱脱保保，保保脱脱”的方法直至学生熟练掌握动作为止。

（四）要熟悉动作技术

熟悉动作技术是正确运用保护与帮助的基础。体操中不同的项目不同类型的动作既有一定的规律，又有各自不同的技术特点。为了正确运用保护与帮助，必须要在掌握技术一般规律的同时，精通每个动作的技术要求。只有熟悉动作的技术，才能明确完成动作的关键及可能发生危险的情况，从而正确地运用保护与帮助。教师要全面掌握教授的动作技术，根据实际情况组织训练有预见性地作出一些提醒和准备工作，防患于未然，运用保护与帮助来使学生更好地掌握动作，提高训练质量。避免运动损伤的发生，注意局部负荷量，合理安排项目顺序。

（五）要了解练习者的情况

保护与帮助只是练习者掌握动作的外界助力条件，在练习者练习中应该根据不同的阶段对练习者的保护与帮助侧重也不尽相同。这就要求我们对练习者的生理、心理、动作的承受能力作进一步的研究，只有做到熟悉练习者，才能更好地做到区别对待，对症下药，也才能使保护与帮助的方法不断地改进和完善，更快地提高练习者掌握动作的能力。体操教师要详细地了解学生的基本情况，并能针对不同练习者的性别、年龄、个性心理特征、身体素质及运动水平等情况，来合理运用保护与帮助。了解练习者的情况，首先要了解练习者对动作技术掌握的情况，其次要了解练习者对保护帮助的习惯要求，再次要了解练习者的性别、年龄、体质、性格、体力、思想状态、身体素质和心理素质等情况，在运用保护帮助时区别对待。

以上是对保护帮助者最基本的要求。体操技术在不断发展，保护与帮助也在不断地改革和创新，只有不断地提高思想认识，加强相关理论知识的学习，多实践，勤思考，多摸索才能充分发挥保护帮助者的作用。

第三节　保护与帮助常见的问题

一、运用保护常见的问题

保护与帮助相辅相成，保护中有帮助，帮助中有保护。但在体操运动中，由于保护、帮助侧重点不同或针对性不明确等原因，会造成使用方法不恰当，从而导致动作技能的学习和掌握。

（一）自我保护意识不强

自我保护方法的教学不受重视或强调不够，造成练习者自我保护意识不强、运用方法不得当或遇到问题不能及时采取措施。

（二）保护与帮助的概念不清

保护的方法、手法及重点强调不够，造成练习者保护与帮助的概念不清楚，保护的针对性不强，什么时候保护、什么时候帮助、保护用什么手法、帮助用什么手法不明确（尤其对练习者应该强调和掌握），影响练习者独立完成动作或妨碍练习者做动作。

二、运用帮助常见的问题

帮助是直接给练习者提供助力，使练习者能够借助于助力体会动作要领和动作做法。这些助力及提供助力的方式与方法会因人而异，教师需要经常创新帮助方法以解决教学中存在的困难或在不同练习者出现的不同问题，但也存在因帮助方法使用不够合理，影响练习者的动作学习。

（一）直接帮助不够严谨

帮助方法的使用过于刻板，不能针对练习者的具体特点、动作技能形成规律合理使用帮助方法，如站位的选择、手法的运用、用力的大小等，使帮助的针对性不强。

（二）间接帮助不够灵活

间接帮助时，提示或口诀的运用有失准确性和科学性，一些提示用语没有真正总结出动作的技术特点。例如，解决跳跃高度、远度等的一些“标志物”的设置，当标志物简单，有冗余变化时，能够有效减轻练习者的心理负担，但当一些“标志物”设置不恰当（如过高、过远或层次性不强）时，就会使练习者产生恐惧感而影响动作练习。

（三）利用器械帮助不合理

有些动作采用直接帮助方法更好，在利用器械帮助时，反而会因为器械的大小、软硬度、形状不够合适，影响到动作练习，以及动作结构的完整性，形成错误动作，因此，利用器械帮助一定要注意器械的选择要恰当、合理。

第三章　体 操 术 语

术语是语言的一种特殊表现形式。体操术语是体操理论和运动技术的专门用语。我们常说的体操动作术语，是指说明动作结构和本质特征的术语，它是体操术语的主要部分，但不是体操术语的全部。

体操术语有着悠久的历史，随着体操运动的发展而发展。我国自古以来就流传着一些具有中国特色的体操术语，如“前扑”“下蛋”“回笼”“顶”等。这些术语与现代的体操动作术语相比较，具有简练、形象的特点。因而，这类术语至今仍在我国体操教学训练中使用，并在运用中发展。

现代体操术语始于 19 世纪中叶，流行于欧洲，鸦片战争以后传入我国。当时，我国尚未形成自己的体操术语体系，主要是译用欧洲体操学派的术语。较完整的体系，还是在中华人民共和国成立以后才逐渐建立的。1956 年，原国家体委运动司根据苏联体操术语学的理论，结合当时的实际情况，编印了我国第一本比较完整的《体操术语》，从而使我国体操术语趋向科学化和统一化。随着体操运动的发展和历次高校《体操》教材的编写，体操术语仍在不断地修改、补充和完善。

第一节　体操术语的概念

体操术语是体操动作的专门用语，体操术语是体操理论和技术等方面的专门用语。来自体操实践又指导体操的实践，随着体操技术的发展而发展。它是体操教学、训练、科研和交流经验不可缺少的工具。正确地运用体操术语，不仅有助于理解和掌握体操技术，提高教学与训练效果，而且对普及体操运动、开展体操竞赛、促进体操科研、发展和丰富体操理论都具有重要的意义。

第二节 体操基本术语

一、动作方向术语

（一）静态动作方向术语

1. 基本方向

以人站立时为参考，分为前、后、左、右、上、下六个基本的方位。胸部朝向前方，反之向后；左侧所对的方向为左，反之为右；头顶所对的方向为上，反之为下。四肢向人体中线运动称向内，离开中线运动称向外。人体与地面约成平行时，胸对地面称俯，背对地面称仰。

2. 中间方向

两个基本方向呈 45°角的方向。分为前上、前下、侧上（左、右）、侧下（左、右）、前侧等。在前部和上部间的动作称为前上，如此等等。

3. 斜方向

三个基本方向之间构成的中间方向，分前侧上、前侧下、后侧下等。例如，前、侧、上之间称前侧上（前斜上），以此类推。

四肢的方向在任何情况下，是以它们与上体的关系来确定，不是按四肢与地面的关系来确定。例如，左腿支撑的俯平衡动作，右腿后举，左臂前举，右臂上举。

（二）动态动作方向术语

运动动作的方位是指人的全身和全身各个部分的移动，通常以人站立时的基本方位为准。

1. 向前

向前指开始做动作时胸部所对的方向，如果动作是由倒立或倒立悬垂开始，则“向前”是指背对的方向。例如，技巧手倒立前滚翻：双杠肩倒立前滚翻成分腿坐。

2. 向后

向后指开始做动作时背对的方向。如果动作是由倒立或倒悬垂开始，则“向后”是指胸部所指的方向。例如，技巧肩肘倒立接后滚翻。

3. 向上

向上指开始做动作时头所对的方向。如果动作是由倒立或倒悬垂开始，则

"向上"是指脚所对的方向。

4. 向下

向下指开始做动作时脚所对的方向。如果动作是由倒立或倒悬垂开始，则"向下"是指头所对的方向。

5. 向侧

向侧指身体的侧面朝向做动作的方向，必须指明左（右）侧。例如，向左侧手翻。

6. 向内

向内指两臂相对向异侧移动的方向。如立正，两臂向内绕至侧上去。在器械的一侧（或移向一侧）做向前转动动作时，胸部开始转向器械方向叫向内。例如，双杠支撑前摆向内转体180°下。如果是向后的转体动作，则背部开始转向器械方向叫向内。例如，支撑后摆向内转体180°下。

7. 向外

向外指两臂相对向同侧移动的方向。如立正，两臂向外绕环成侧举。在器械的一侧（或移向一侧）做向前的转动动作时，背部开始转向器械方向叫向内。例如，双杠支撑前摆向外转体180°下。如果是向后的转体动作，则胸部开始转向器械方向叫向外。

8. 同侧

同侧指动作开始时的方向与动作的上肢或下肢方向相同。例如，鞍马单腿同侧全旋。

9. 异侧

异侧指动作开始时的方向与动作的上肢或下肢方向相反。例如，鞍马单腿异侧全旋。

二、动作关系术语

（一）人体运动轴与器械轴

1. 人体运动轴

通过身体重心上下的连线称纵轴，又称垂直轴，人体围绕纵轴可做各种转的动作；通过身体重心左右的连线称横轴，又称额状轴，人体围绕横轴可做各种翻的动作；通过身体重心前后的连线称前后轴，又称矢状轴，人体围绕前后轴可做各种侧翻的动作；通过两肩的连线称肩轴（见图3－1）。

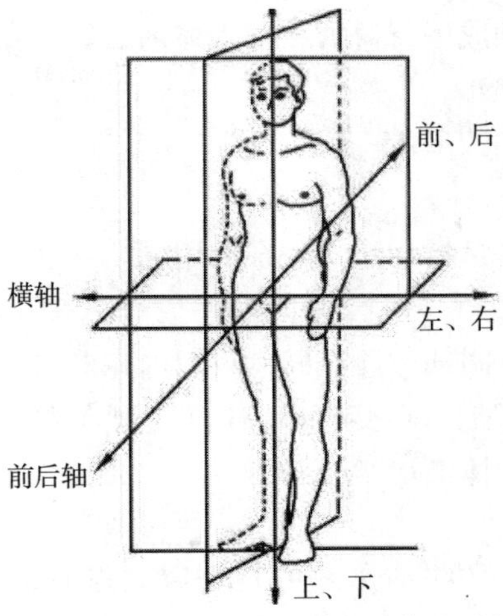

图 3－1　人体运动轴

2. 器械轴

器械最长工作部分两端的中心连线称为器械轴。例如，单杠、双杠、高低杠杠面两端的中心连线，平衡木木面两端的中心连线，跳马和鞍马马面两端的中心连线，吊环两握点间的假设连线，等等。

（二）人体与器械的关系

1. 正、侧

人体肩轴与器械轴平行的姿势为正，肩轴与器械轴垂直的姿势为侧。

2. 前、后

人体胸向器械为前，背向器械为后，身体倒置时（倒立或倒悬垂时）则相反。

3. 左、右

人体左肩侧向器械为左，右肩侧向器械为右。

4. 内、外

人体在双杠或高低杠的两杠之间为内，人体在双杠或高低杠之外为外；此外，身体绕纵轴胸向器械内转体时称“向内转”，反之称“向外转”。

5. 远、近

器械远离人体的部位为远，器械靠近人体的部位为近。例如，跳纵马（纵箱）时，远离身体的一端为远端，靠近身体的一端为近。

6. 纵、横

人体前后轴与器械轴成平行时为纵，人体前后轴与器械轴成垂直时为横。

7. 斜

人体前后轴与器械轴约呈45°角时为斜。

（三）动作关系术语

动作相互关系的术语是指动作间联系的用词。

1. 同时

单个动作中，身体不同部位要在同一时间内完成时或两个动作要在同一时间内完成时用“同时”。例如，练习者徒手体操左脚向左一步，同时两臂侧举；单杠骑撑后腿摆越，同时转体180°成支撑。

2. 依次

在单个动作中，身体某些动作部位有先后动作时，用“依次”来表示。例如，练习者做侧手翻时，两手依次落地成分腿手倒立，两臂依次顶肩推地，两脚依次落地成分腿站立。又如，鞍马单腿依次摆越成后撑。

3. 接

练习者两个单个完整动作之间要求连续完成时用“接”字把它们连接起来。例如，练习者单杠支撑后回环接后倒弧形下：技巧前滚翻接头手翻。

4. 经

练习者在完成动作过程中，必须达到某一指定部位时用“经”，如徒手体操两臂经前至上举。

5. 成

练习者在做完动作之后的结束姿势，如单杠翻上成支撑，平衡木跳起成分腿支撑。

（四）握器械方法术语

（1）正握：两臂平行，两手虎口向内握。

（2）反握：两臂平行，两臂旋外，两手虎口向外握。

（3）扭臂握：两臂平行，两臂旋内，两手虎口向外握。

（4）反扭握：一手反握，另一手扭臂握。

（5）正反握：一手正握，另一手反握。

（6）交叉握：两臂交叉握杠。应指明是交叉正握，还是交叉反握，并指出哪一臂在上面。

（7）深握：在靠近腕关节的掌根上握杠或环，通常在吊环上使用。

（8）合握：五指并拢的握法，也称全握或钩握。

（9）窄握：两手距离小于肩距的握法。

（10）宽握：两手距离明显大于肩距的握法。

（11）内握：两手从两杠的内侧握杠，手背相对。

（12）外握：两手从两杠的外侧握杠，手掌相对。

第三节 基本体操术语

一、队列队形术语

（一）队列队形基本练习术语

（1）列：练习者左右排成一直线称为列。一般由右向左按高矮顺序排列。

（2）路：练习者前后重叠成一直线称为路。一般从前到后按高矮顺序排列。

（3）横队：练习者按“列”排成的队形称为横队。一般横队的宽度大于纵深。

（4）纵队：练习者按“路”排成的队形称为纵队。一般纵队的纵深大于宽度。

（5）排头：练习者位于纵队之首或横队右翼者称为排头。

（6）排尾：练习者位于纵队最后或横队左翼者称为排尾。

（7）翼：队列的左右两端称为翼。左端为左翼、右端为右翼，多列行进变换方向时，转弯内侧一翼为轴翼，另一侧为外翼。

（8）伍：练习者在两列或数列（路）站立时，前后（左右）排列成的学生称为伍。各伍人数相等称为满伍，人数少于列（路）数称为缺伍。

（9）间隔：练习者或成对彼此之间左右的间隙称为间隔。横队之间左右间隔一般为一拳（约10厘米）。

（10）距离：练习者或成队彼此之间前后的间隙称为距离。纵队练习者之间前后距离一般为一臂长（约75厘米），队与队之间的距离约为两步。

（11）基准：被指定作为看齐目标者称为基准练习者。被指定作为基准者应举手示意（左臂前举上屈，握拳，拳心向右）。

（12）步幅：一步的长度（前后脚脚跟之间的距离）称为步幅。

（13）步速：每分钟所走的步数叫步速。

（14）口令：在队列队形练习中，指挥者所发出的操练指令称为口令。

（二）队列队形术语应用提示

队列练习是按照一定的队形，做协调一致的动作。队形练习是在队列的基础上，做各种队形和图形的变化。两者往往是不可分割的。因此，队列术语与队形术语也是密不可分的。

在队列与队形练习中，指挥者是否能选择适当的词句来向练习者讲解，在一定因素上取决于指挥者对于队列队形练习的名称、术语掌握和运用的程度。同样，练习者是否能很好地领会指挥者的意图，也要由练习者对指挥者所运用的名称、术语理解的程度来决定。如果练习者对队列队形练习的基本名称、术语都能了解，而且都很熟练，那么队列队形练习就能更加顺利地进行。

二、徒手体操术语

（一）基本姿势术语

（1）立：人体站立的姿势。如直立、并立、开立、点地立、单脚立、起站立等。

①直立：与立正基本相同，但五指并拢伸直。

②并立：与直立相同，但两脚并拢。

③开立：与直立相同，但两脚左右分开与肩同宽。

④点地立：一脚侧出脚尖点地、重心落在另一腿上的站立，如前、后点地立等。

⑤单脚立。与直立相同，单脚站立，重心落在另一腿上。

⑥起站立。与并立相同，但两脚跟提起站立。

（2）蹲：屈膝站立的姿势。一般两腿并拢，全脚掌着地，其他的蹲应指明。蹲有全蹲和半蹲。

①全蹲：大、小腿夹角小于45°的称全蹲。

②半蹲：大、小腿夹角约为90°的称半蹲。

（3）跪：两腿并拢屈膝着地，上体与地面成垂直的姿势。其他的跪应指明。

（4）撑：上肢和（或）身体某部位支撑在地面上的姿势，如俯撑、仰撑、侧撑、蹲撑、分腿屈体立撑等。

（5）坐：是指坐在地上或器械上的姿势。如直角座、跪坐（有单腿和双腿之分）。

（6）卧：身体躺在地面上的姿势，如俯卧、仰卧、侧卧等。

（7）倾：身体与地面既不垂直又不失去平衡的姿势。

（8）弓步：两脚分开约一大步，一腿屈膝约90°，另一腿伸直，全脚掌着地，上体与地面成垂直的姿势，如前弓步、侧弓步、后弓步等。

(9) 平衡。用脚、手和脚或身体某一部位支撑地面，身体保持一定时间的静止姿势，如俯平衡、侧平衡、仰平衡、跪撑平衡等。

(10) 劈腿：两腿分开成直线着地的姿势，如纵劈腿、横劈腿、半劈腿等。

(11) 桥：身体背向地面，上肢与下肢支撑成弓步形的姿势，如分腿桥、跪桥、前臂桥等。

(二) 基本动作术语

(1) 举：四肢移动范围在180°内，并稍停止在某一方位上的动作，如前举、上举、后举等。

(2) 屈：弯曲和缩小身体或身体某一关节角度的动作，如体前屈、体侧屈、臂胸前平屈等。

(3) 伸：扩展和伸直身体或身体某一关节角度的动作，如伸臂、伸腿等。

(4) 摆：臂或腿向某方向做匀速挥动的动作，如左脚向前一步，右腿前摆同时转体180°成直立。

(5) 摆动：往返摆的动作，如两臂前后自然摆动。

(6) 振：臂或上体做加速而富有弹性摆的动作，如两臂经前至胸前平屈后振。

(7) 踢腿：用力做加速摆的动作，如前、后、侧踢腿等。

(8) 绕：身体或身体某一部位做大于180°小于360°的弧形摆的动作，如两臂后绕至前举。

(9) 绕环：身体或身体某一部位做360°或大于360°的圆形摆的动作，如两臂向前绕环一周半至上举。

(10) 波浪：身体或身体某一部分邻近的关节按顺序做柔和屈伸的动作，如两臂波浪、全身波浪等。

(11) 转：绕人体纵轴转动的动作，如向左、右、后转等。

(12) 压：四肢或上体做向下加力压的动作，如压肩、压髋、压腿等。

(13) 倒：身体伸直向某方向倒下的动作，如前倒、俯撑。

(14) 跳：脚蹬地使身体腾空的动作，如挺身跳、分腿跳等。

(15) 出：一脚向某方向迈出一步或半步的动作，如左脚侧出成开立。

(三) 徒手体操术语的结构

按结构术语的要求，徒手体操术语一般由开始姿势、动作部位、动作方向、动作形态、动作做法和结束姿势六个部分构成（见表3－1）。

表 3-1　徒手体操术语的结构

动作术语	结构部分与排列顺序					
	开始姿势	动作部位	动作方向	动作形式	动作做法	结束姿势
两臂后绕	直立	两臂	（向）后	直臂	绕	至前举
跳成并立	开立	两脚	向上	直体	跳起	成并立

注：表内加括号的是可以省略的部分。

三、徒手体操术语的记写

（一）每拍动作的记写

每拍动作一般"从左到右，从下到上，按下肢、上肢、上体和头"的顺序记写。

每拍记写：开始姿势，除第一个动作外，其余动作的开始姿势可省略；动作部位，凡全身参与动作的可省略；动作方向，以开始运动时身体的方向而定，当上、下肢所经过的为通常最短的路线时可省略路线术语；动作形态，属于基本身体姿势要求的和不强调身体形态的可省略；动作做法，是构成术语的关键，一般不能省略；结束姿势，除最后一个动作外，一般可省略。

在一拍动作中，各部位的动作一般是同时进行的，"同时"二字可以省略。各部位的动作不是同时进行的，可按先后顺序记写。

（二）每节动作的记写

每节动作由若干拍数组成。记写时，最后一拍要指出结束姿势。

记写时应先指出该动作的名称，几个八拍组成（如 2×8、4×8），然后按预备姿势、节拍动作和结束姿势的顺序记写。当后一拍动作完全按原路线回到前一拍动作的结束姿势时，可用"还原"两字代替后一拍动作的记写；当后若干拍动作与前若干拍动作完全相同时，可用"×—×拍，同×—×拍"的记写方式代替后若干拍动作的记写。

在记写一节动作时，应注意以下问题：

（1）若后若干拍与前若干拍动作完全相同，后若干拍动作只指出"同"前若干拍即可，如⑤—⑧同①—④；

（2）若后若干拍与前若干拍动作对称相同时，后若干拍动作可以省略，指出对称的部位或方向即可，如"唯两腿（臂）交换"；只有左、右方向对称改变时，可写成"唯左、右相反"或"左、右交换"。

(三) 记写一节徒手体操的范例

第八套广播体操第六节：全身运动（4×8 拍）

四、预备姿势：直立

第一拍，左脚向前成弓步，同时两臂经前至侧上举（掌心相对），抬头，眼看前上方。

第二拍，左脚收回，同时上体前屈，手指脚前触地（掌心向后）。

第三拍，全蹲，同时两手扶膝（两肘外分，手指相对），眼看前下方。

第四拍，还原成直立。

第五至八拍，同第一至四拍，但换右脚做（见图 3－2）。

图 3－2 徒手体操

上述记写的范例，是根据结构术语的记写要求，详细、准确地用文字说明节拍动作，同时配以形象、直观的图解说明。这种记写法主要用于编写规范教材、测验动作和比赛动作等方面。在编写教案时，一般只需用文字标明节序、名称、拍数，再配以简单的单线条或双线条的动作图解即可。

第四节 器械体操和技巧的术语

一、器械体操术语

(一) 基本动作术语

1. 支撑

练习者手、臂或身体某些部位撑在器械上，肩轴高或平于器械轴的动作。支撑又分为单纯支撑和混合支撑两种（见图 3－3）。

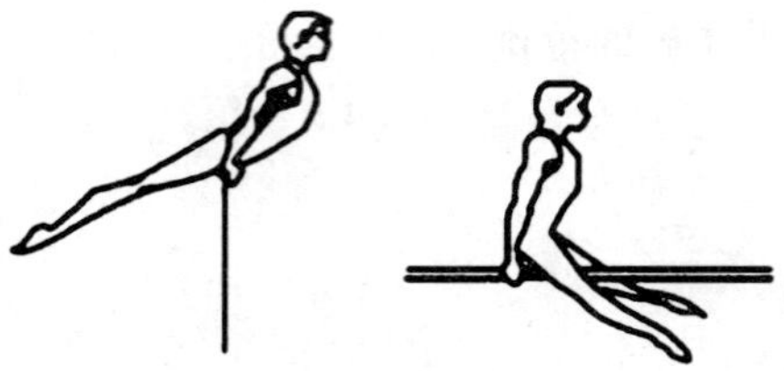

图3-3 支撑

（1）单纯支撑：只用手或身体某部位撑在器械上的动作，如双杠支撑。

（2）混合支撑：用手和身体其他部位同时撑在器械上的动作，如单杠骑撑。

2. 悬垂

练习者手、臂或身体某（些）部位悬挂在器械上的动作（肩轴低于器械轴）。悬垂又分单纯悬垂和混合悬垂两种。

（1）单纯悬垂：练习者仅用一只手臂或身上的某个部分吊住一个设备的运动，例如：一根横杆。

（2）混合悬挂：双手和身体其他部分的悬吊，例如：单杆吊膝。

（3）上法：整套动作或联合动作中，按技术要求做的第一个上器械的动作叫作上法。例如：双杠后摆上。

（4）下法：整套动作或联合动作中，按技术要求做的最后一个离开器械的动作叫作下法。例如：双杠后摆下。

（5）上：身体由较低部位升至较高部位的动作。包括由悬垂转为支撑（如单杠屈伸上），由较低支撑转为较高支撑（如双杠挂臂屈伸上）以及由较低悬垂转为较高悬垂（如单杠引体向上）等动作。

（6）下：身体由较高部位降至较低部位的动作。其中肩部由上而下做弧形运动的称“倒下”（如技巧直立向前倒下成屈膝俯撑），肩部由上而下做垂直运动的称“落下”（如吊环手倒立慢落下成倒悬垂），身体从器械上到地面上的动作称“下”（如支撑后摆下）。

（7）摆动：在悬垂或支撑中，身体做钟摆式运动的动作，如单杠悬垂摆动、双杠支撑摆动。

（8）摆荡：身体和器械一同摆动的动作如吊环或吊绳上的前后摆荡。

（9）振浪：通过关节有节奏地伸而加速摆动的动作又称“鞭打”技术。

（10）极点：身体摆动到最大幅度而回摆的那一点。

（11）挥摆：单腿向左或右做钟摆式并还原的动作．如鞍马支撑左右挥摆。

（12）摆越：腿从上面或下面越过器械的动作，如单杠支撑单腿摆成骑撑。

（13）腾越：整个身体腾起从器械上越过的动作，如跳马分腿腾越。

（14）屈伸：通过髓关节的弯曲和伸展，使身体重心向上或向前上或向后上等移动的动作，如吊环后上成手倒立、技巧屈伸起、单杠后上等。

（15）弧形：由支撑或悬垂开始，通过骸关节的屈伸使身体重心沿抛物线轨迹运动的动作，如单杠支撑后倒弧形下。

（16）回环：身体绕器械轴或握点连线转动一周或一周以上的动作，如单杠骑撑前回环吊环向后大回环等。

（17）转体：绕身体纵轴转动的动作。

（18）转肩：手握器械，肩关节做旋转的动作，如吊环前、后转肩。

（19）腹弹：利用髓关节的急速屈伸，经腹部弹杠使身体后摆的动作如高低杠大摆腹弹。

（20）绷杠：利用髋关节的急速屈伸，并借助杠的反弹力使身体腾起的动作，如高低打高杠支撑大摆接低杠绷杠下。

（21）交叉：两腿在器械上同时做相反方向的摆越动作如鞍马正交叉。

（22）全旋：单腿或双腿做绕环式的动作，如技巧蹲撑单腿全旋鞍马全旋、双杠杠端全旋等。

（23）滚动：身体不同部位依次接触地面或器械，但不经过头部翻转的弧形动作如技巧团身滚动、挺身滚动等。

（24）滚翻：身体不同部位或只用肩依次接触地面或器械，并经过头部翻转的动作如技巧鱼跃前滚翻双杠挂臂撑挺身后滚翻等。

（25）手翻：用手或头手支撑地面或器械，并经过头部翻转的动作，如技巧头手翻、跳马前手翻等。

（26）空翻：身体在腾空中，做经过头部翻转的动作，如技巧前空翻、双杠后空翻成支撑等。

（27）空翻转体：翻一周同时绕身体纵轴转体的动作，如技巧直体后空翻转体360°双杠屈体前空翻转体180°下等。

（28）旋：空翻两周同时绕身体纵轴转体的动作有前旋、后旋、屈体旋、直体旋720°旋等。

（29）倒立：在支撑中，头在下脚在上的一种倒置身体的垂直静止动作。

（二）基本技术术语

（1）梗头：在动作完成过程中头颈部紧张固定、正直、下颚内收。如单杠支撑后回环的梗头技术。

（2）低头：头部以环枕关节为轴做前屈技术。在做团身等动作时如前滚翻。

往往要求低头，如前滚翻。

（3）抬头：头部以环枕关节为轴做后屈技术。在做挺胸、身体后屈等动作时，往往采用抬头技术，如技巧俯平衡等。

（4）顶肩：手在支撑及推离地面或器械时，肩胛骨外展或上回旋，是用以加固、提高支撑位置及加大推撑力量的技术。如做跳马动作时的顶肩推手技术。

（5）推手：在支撑过程中伸前臂肌群及屈臂肌群的短发性收缩，配以顶肩做推离支点的技术。如技巧前手翻和跳马的推手技术等。

（6）跟肩：肩部向前加速移动，上体前跟的技术。如单杠骑撑前回环后半部分动作的跟肩技术。

（7）含胸：两肩和胸内收，稳定和提高身体重心的技术。如技巧手倒立。

（8）挺胸：肩背肌群收缩、胸廓扩展，防止身体前翻，或使动作更富美感的技术。如技巧头手翻的挺胸展体技术。

（9）立腰：通过腰腹部肌群收缩，使脊柱充分伸直、立上体做短暂固定的紧腰技术。如平衡木上的各种转体动作的立腰技术。

（10）送髋：在下肢加速前摆运动过程中，骨盆后倾，使髋部向上远离支点的技术，主要用于加大动作摆幅。如双杠挂臂上成分腿坐的送髋技术。

（11）提臀：髋关节前屈使臀部由较低位置上至较高位置的技术。如双杠慢起肩倒立、技巧慢起头手倒立的提臀技术。

二、器械体操术语的结构

按结构术语的要求，器械体操和技巧术语一般由开始姿势、动作方向、动作形态、动作做法和结束姿势五个部分构成（见表3－2）。

表3－2　器械体操和技巧术语的结构

项目	动作术语	动作结构部分与排列顺序				
		开始姿势	动作方向	动作形态	动作做法	结束姿势
技巧	助跑前手翻	助跑	（向）前	（直体）	手翻	（成站立）
双杠	前摆上	（挂臂撑）	（向）前	（直体）	摆上	（成支撑）
单杠	支撑后回环	支撑	（向）后	（直体）	回环	（成支撑）
跳马	分腿腾越	（助跑）	（向前）	分腿	腾越	（成站立）

注：表内加括号的是可以省略的部分。

三、器械体操术语的记写

（一）各结构部分的记写

1. 开始姿势

开始姿势即由什么姿势或动作开始，如直立、助跑、悬垂、支撑、倒立等。在联合或成套动作中，除第一个动作需要指出开始姿势外，后面动作的开始姿势可省略，因为前一个动作的结束就是后一个动作的开始。单杠、高低杠、吊环等项目从悬垂开始的动作，可将“悬垂”二字省略；双杠、平衡木从侧撑开始做动作的可将“侧撑”二字省略，或改为支撑；单杠、吊环、鞍马、高低杠和平衡木等项目动作的正撑、正握的“正”字可省略。

2. 动作方向

人体或人体某一部分运动的指向，是由开始运动时身体与器械的方向确定的，如向前、后、左、右、上、下等。在不强调动作方向或可以向任何方向完成动作时，动作方向可省略；动作做法中已含方向的，动作方向可省略；仅有一个方向做的动作、动作方向可省略。在双杠、平衡木侧的方向做的动作或在单杠、高低杠、鞍马正的方向做的动作，“侧”和“正”的方向术语可省略。

3. 动作形态

练习者做动作时人体的形状，如团身、屈体、直体、分腿等。属于体操基本形态要求的可省略；不强调身体形态的动作，动作形态可省略；凡团身完成的动作是该项目同类动作中最简单或最基本的动作形态时，“团身”二字可省略；对动作形态有特定要求的分腿、屈腿、屈臂等，则要指明。

4. 动作做法

完成动作的主要方法，如摆动、回环、屈伸、弧形、腾越、转体、滚翻、手翻、空翻、用力慢做等。动作做法是结构术语的核心，一般不可省略，其中次要的、惯例性的动作做法有时可省略。

5. 结束姿势

完成动作后的姿势、位置或部位，如站立、悬垂、支撑、挂臂撑、倒立等。与开始姿势相同或必然的，结束姿势可省略。

（二）单个动作的记写

1. 结构记写法

结构记写法是以体操结构术语为依据，准确地描述动作的结构及其本质特征，是一种规范的、全国统一的体操动作记写法。

2. 简化记写法

简化记写法是一种对体操动作结构术语的简式记写方法。

3. 命名记写法

命名记写法是经国际体操联合会批准的，以某国、某地、某运动员名字命名的体操动作的记写法，如俄式大回环、阿拉伯空翻、李宁吊环等。

4. 形意记写法

形意记写法是经我国长期实践流传下来的，用形象、意象、通俗的词语记写体操动作的方法，如猫跳、回笼、下蛋、小翻等。

5. 图解记写法

图解记写法是用图像（单线图、双线图、实体图、轮廓图、照片图、影视片图）和符号记写体操动作的方法。

6. 单个动作的记写范例

单个动作的记写，如表 3 –3 所示。

表 3 –3　单杠团身后空翻两周同时转体 360°下

结构记写法	简化记法	命名记写法	形意记写法	图解记写法
团身后空翻两周转体 360°下	团身后旋	冢原下	月亮空翻下	—

（三）成套动作的记写

1. 完整记写法

完整记写法是根据体操结构术语记写的要求，用文字同时配以图解，详细、准确地说明成套动作的记写方法。主要用于编写规范教材、等级大纲和比赛套路等方面。常用的体操成套动作记写形式有下列几种：

（1）逗号连接式是按成套动作的先后顺序，用逗号把相对独立部分或动作连接起来成为成套动作的一种记写形式。

（2）破折号连接式是按成套动作的先后顺序，用破折号把相对独立部分或动作连接起来成为成套动作的一种记写形式。

（3）分行连接式是按成套动作的先后顺序，把相对独立部分或动作，分行排列起来成为成套动作的一种记写形式。

例如，教学大纲中规定的担纲动作：悬垂摆动屈伸上接后摆一支撑后回环一左（右）腿摆越成骑撑两手换反握，骑撑前回环右（左）腿摆越同时左（右）转体 180°成支撑——弧形后倒摆转体 90°下。

2. 缩简记写法

缩简记写法是根据体操教学、训练、裁判等不同的需要，浓缩简练、约定俗成的一种说明成套动作的记写方法。它主要用于编写教案、制订训练计划、填写裁判员评分表等方面。这种记写法的特点是只说明开始姿势和动作做法或个别地作出动作方向与结束姿势。常用于便携教学大纲、教案和训练日记等，如由各种开始姿势做骑上、屈伸上等。

3. 图解法

图解法是用草图来说明动作。这种记写法的特点是简便、清楚、直观，一般用于写教案。

上述记写方法可以单独运用，也可以根据需要互相结合使用。

四、运用术语的几点要求

（一）可省略的表述

体操练习中，最常用的一些术语可以省略，如“正”的部位在单杠、鞍马和吊环上就可以省略，只应指出“侧”的部位，但双杠则可省略“侧”的部位术语。又如在单杠、鞍马、平衡木上，“正撑”“正握”等术语有时可省略，只用“后撑”“反握”等术语。在双杠上可省略“侧撑”“从内握”等术语。在记写单杠、鞍马、平衡木上的“正撑”和双杠上的“侧握”时，一般都称为“支撑”。在鞍马各个不同部位上做双腿全旋时，“双腿”二字可以省略。若做单腿全旋则要说明。单杠、鞍马、平衡木、高低杠由支撑开始做单、双腿向前摆越时，可省略“向前”二字。其他情况下应指明。

（二）开始姿势的记写

开始姿势的记写，通常是在动作开始时加以说明。在记写整套动作时，第一个动作的开始姿势要指明，后面动作的开始姿势就不必再指出了。因为前一个动作的结束姿势就是下一个动作的开始姿势。

（三）动作方向的表述

在器械项目上做肩轴与器械轴平行摆越或腾越动作时，应从开始运动的方向确定前后、左、右方向，即开始运动的方向是向右面，叫向右摆越或腾越。如横向向右方向做的直角腾越，就叫向右直角腾越。如果开始做动作时，肩轴与器械轴成垂直，其方向则应以开始做动作时所处的前、后、左、右面而定。如双杠向前方向的摆越叫分腿前摆越，向左方向做的挺身下叫向左挺身下。

第四章　体操健身原理与原则

第一节　体操健身原理概述

体操健身是一种以增强体质、锻炼身体为主要内容的体育锻炼。体育教学内容丰富，形式多样，学员可以针对不同的目的、任务和不同的体质进行选择。尤其是体操的某些基础训练项目，因为没有时间、场地、年龄的限制；不受男女比例的制约，在大众体育项目中得到了普遍的应用，成为受欢迎的体育项目。

随着科技水平的提高和进步，人民群众对物质和精神生活的要求越来越高，生活水平和劳动环境也发生了很大的改变，对人的身体和心理都提出了新的要求。现已出现了一大批现代文明病，如体育活动能力的降低、肥胖症的发生以及心血管病的年轻性等，对人体的健康造成了日益严重的威胁。世界卫生组织（WHO）在对健康的诠释中曾经提到过："身体上、精神上的完美，还有很强的适应性，而不只是没有生病和虚弱。"由此可见，当今社会对于"健康"观念的认识，已建立了"生物、心理、社会"的立体健康观。

自古以来，体操和健康是息息相关的。虽然体操所涉及的领域随着时间的推移而有所变化，由于历史背景、国家制度和学术观点的差异，人们对体操的定义和划分方法也不尽相同，但他们都将其视为增强体质的一种行之有效的方法，而且普遍地认为，促进身体的健康是最主要的，在练习的时候，不但要记住动作的顺序和方法，还要学会运用它来促进身体的健康和运动。因此，健身是体操最重要的目标，而体操则是最重要的锻炼方式。

第二节　体育锻炼的健康意义

从体育锻炼对人体生长发育和发展的主要影响来看，体育锻炼的健康意义可以划分为：

一、锻炼身体素质

体质是人体在运动、劳动和生活中所具有的力量和耐力；灵敏、速度、柔韧等功能，是人体素质的一个主要指标。体质的好坏，除了由其自身的解剖结构、生理特性和生化组成外，还与其在工作过程中的能量供给、各组织物质代谢、内脏器官的协调、神经系统的调控等因素有关。适度的体育活动能增强体质，促进身体的发展。由于体操内容丰富，项目繁多，因此运动员可以按照自己的需要进行训练。举例来说，锻炼身体的灵活性可以选用柔韧的运动。所谓的“柔韧”，指的是锻炼人体的灵活性，增强肌肉、韧带的伸展性和弹性，以及扩大关节的运动空间。锻炼柔韧性能改善关节的振幅，防止损伤，并能改善血液流通；当你做其他运动的时候，你需要做一些必要的训练来减轻你的疲劳。简言之，由于其自身的特性，它对发展运动员的体能有很大的作用。

二、培养活动的技能

体操是一项以增强身体活动能力和促进健康为主要目的的体育锻炼。体操运动中各种基本动作、节奏体操、实用性体操练习等都是锻炼人体运动的重要手段。在体育教学中，培养学生的体能锻炼，其目的是根据练习者在走、跑、跳等动作过程中的节奏特点，从各个角度进行变化和发展，从而达到增强人的基本动作的目的。比如，改变方向、速度、姿势、幅度、节奏等，更能产生更多的锻炼方式，让身体运动更轻盈、更灵活、更省力。由于现代社会的发展，人们的生活方式和生活环境都在发生巨大变化，因而人们的体育锻炼的可能性越来越小。体力不支，会出现各种各样的文化疾病，对人体的健康造成一定的威胁。发展多样化的体育锻炼形式、丰富体育锻炼的内容，以增强身体的运动素质。体操运动中，各种各样的体能训练都是以此为基础进行锻炼，以实现锻炼的目的，同时也体现了体育锻炼的重要性。

三、改善功能状态

体操可以锻炼身体功能，提高身体的适应性。锻炼身体功能的主要目的是增强身体的前庭功能的稳定性。前庭是身体的感知方位和调节的器官，主要功能是感知身体在空中的姿势的改变，维持身体的平衡。身体在做旋转、滚翻、倒立以及悬垂、回环等运动过程中，人体的空间方位会不断地改变，而这种改变会传递到前庭，从而导致肌肉张力的改变。持续调整身体，保持身体可以处在一个平稳的运动中。所以，通过长时间的锻炼可以让身体的前庭适应改变，从而增强身体功能的稳定。锻炼身体不仅可以增强神经系统的调控能力，还可以增强心脏的调节能力。由于体操的一些动作需要身体的协调性和精确性，因此，练习者在完成动作时，其肌肉的收缩特性是非常复杂的，需要对身体的控制和调控神经进行调控。练习者在进行单杠回环和进行倒立训练时，若长期坚持上述运动，则会因离心力及引力的作用而影响血流量，导致血流量集中于下肢及头部；它可以通过压力或者是压力的反射机制来调整血管的收缩，调整血液的流动和压力，以满足人体的需要。

四、塑造健壮身形

身体的大小是指身体的总体形态和各部位的比例，其本质是肌肉、骨骼、脂肪的构成和分布。健康的形体是指全身的整体协调发展。人类的身体各方面的表现与基因及外界因素的关系并不相同，因此其身体的形状是有一定的可塑性的。

体操对于健美身材的形成有着特殊的作用，其中很多是锻炼身体的有效方法和手段。比如身材的优美，主要是防止肥胖，肌肉发达，身体比例和线条匀称可以通过做一些有氧运动和垫背肌肉锻炼来达到瘦身效果。双杠、单杠等可以锻炼上肢肌肉的强健；通过跳跃、踢腿等运动来锻炼下肢的肌肉；在体操基础训练中，如技巧运动等，可以让你的身体变得更均匀。长期坚持做运动可以使骨骼、关节、肌肉、韧带等部位产生相应的适应改变，使身体健康。

五、培养意志素质

意志力是一种精神境界，它能使人有意识地控制自己的行为，战胜自己的困境，并最终达成目标。“意愿”是人的“主体性”的具体体现。意愿行为有三个特点：有意识地识别目标行为，与解决问题相关的行为，并以任意行为为依据。人的意愿因其人生的实际和所接受的教育而呈现出的特点也不尽相同。

锻炼身体对于锻炼意志素质具有特别的效果。举例来说，在体操训练中使用的器材比较多，各种不同的姿势，因此在训练中常常要战胜器材和自己的重量来进行身体运动；这就需要学员克服畏惧，建立自信，勇于面对挑战，表现出勇敢、果断的意志。在长时间的体育训练中，人体要承担一些运动量，没有自觉性、持之以恒的精神和意志，是很难坚持下来的。运动员在进行队列训练时，需要运动员遵守规则，协调配合，具有较强的组织性、纪律性和自觉的能力。总之，健身运动能在健身的同时，培养出优良的意志素质。

第三节　体操健身原则

一、自觉的原则

“自觉”是指通过对练习者进行思想政治教育，让他们意识到参加体操健身的重要意义，从而使他们积极主动地参加体操健身运动。

主动参与是保证体操锻炼取得预期结果的一个重要条件。为了促使练习者主动参与健身，必须加强健身目的、健身意义的宣传、普及健身基础理论，让练习者了解健身的真正意义，了解健身对身心的重要性，并确定健身的目的和终极目的。养成健康的习惯需要一个长时间的积累，其中的正向情感经历与精神满意与健康状况的评估是养成健康生活方式的关键。为此，体操锻炼应该尽量做到内容丰富、手段多样、方法多样，以适应不同群体的需要，有组织有系统地评估运动的结果，以便练习者能够及时地掌握运动的进度，从而达到锻炼的目的。

二、渐进性原则

循序渐进的原理就是要在进行体操健身时，要结合自身的发展和自身的具体状况，逐渐地增加体操活动的需求。载荷训练的方式从简单逐渐复杂，由轻至重。对长期坚持体操健身练习者来说，要坚持体操健身运动规律，根据自己身体情况调整运动节奏，以使身体得到快乐。在每次运动前都要进行充分的预备运动。

三、针对性原则

“针对性”是练习者在主观和客观的需求情况下，按照个人学习、工作和生活的需求，结合自身年龄、性别和健康状况，进行有目标的体操健身运动；根据兴趣爱好、传统习惯、职业特征制定合理的体操健身方案，包括作息制度、自然条件、可用的健身设备及场所。体操锻炼内容多样，因此，如何选用具有较高的针对性和有效性的健身内容、方法和手段显得尤为关键。参与的人群男女老幼，都有不同的身体素质和运动的基本条件。所以，个人体操健身的具体内容和方式也不能一成不变，要因材施教。在同一个人的不同阶段，锻炼的内容和方式也不可一概而论，要根据自身的锻炼效果、健康状况等来进行调整。

四、全面主义

全面的原理是从生理上、心理上、道德上进行的；从四个维度的社会健美观入手，促进身体形态、功能、体能协调发展，使身体得到快乐，身体得到全方位的改善。人体是一个有机的整体，局部器官、系统的结构与作用是其有机的一部分，而非完全的替代。其总体的构造与作用在其内部也能够体现出来。所以体操健身练习者要根据自己的情况，注重训练，注重其他，使自己的各个部位、各个系统都能得到良好的训练。

五、经常性原则

所谓“经常”，就是要尽量频繁地开展体操锻炼，通过长时间的锻炼，养成良好的身体健康的习惯，把它变成每天的一部分，才能取得良好的锻炼成果。运动健康重于持之以恒，良好的运动成效累积是一个漫长的历程。5 日工作法的实施，使广大群众有更多的参与锻炼的机会，使全民参与到运动中来。所以，合理地分配运动的时间和运动的负载，使其能够获得较好的运动结果。

六、安全性原则

“安全”是在进行体操健身运动时，应充分注意健身场所、健身内容和健身方法；保障措施的安全性，预防意外受伤。参与运动的基本目标是提高身体素质，因此，练习者应该从以下几个层面来思考健身的安全性：

（1）选择不存在健康风险的体育场地。

（2）做好充分的预备工作。

（3）对所需器材进行认真的检验。

（4）在训练的时候要注意安全。

（5）穿着要舒服，不得携带任何东西。

（6）在练习者的训练中，要学会互相保护和互相扶持。

（7）练习者若感到疲惫或心境欠佳，则应停止练习。

（8）不要作出与自身实力不符的高强度运动。

第四节　体操健身方法

要想获得体操健身效果，必须掌握体操健身方法。体操的健身方法丰富多样，此处介绍的是简单易行、便于掌握的提高身体素质的方法。

一、发展灵敏素质的方法

灵敏是指在突变的或复杂的条件下，灵活、快速而准确地完成动作的能力。

发展灵敏素质，对提高大脑皮质神经系统的灵活性，培养快速反应能力，提高速度和动作的准确性、协调性，掌握多种多样的动作都有积极的作用。在体操练习中发展灵敏素质的练习内容很多，以下是一些徒手的或利用轻器械发展灵敏素质的简便方法。

（一）徒手进行锻炼的方法

（1）并腿节奏跳：两腿并拢进行有节奏的弹跳练习。

（2）连续腿摆动：一腿进行有节奏的前后摆动，另一腿协调配合。

（3）双人倒立背起：一人倒立，另一人背对其站立，并用双手握住倒立人的双脚，用后背将其背起使其翻越至前方。

（二）利用轻器械进行锻炼的方法

（1）不同部位的连续拍球：用手、肘、足不同的部位进行拍球。

（2）不同部位的连续弹球：用膝、头、足等不同部位进行连续弹球。

（3）横向移动跳绳：单人向左或向右横向移动跳绳。

（4）双人交换跳绳：双人一同摇绳交换跳绳。

二、发展力量素质的方法

力量是指身体或身体某部分肌肉工作时克服阻力的能力，即肌肉紧张与收缩时所表现出来的一种能力。任何动作的完成都要求有相应的力量。力量素质是速度、灵敏等素质的物质基础，力量素质的发展和肌肉发展是一致的。因此，发展力量素质对塑造体形、促进血液循环、增强体能有着重要的作用。在体操练习中发展力量的方法很多，以下是徒手或利用器械发展力量素质的简便方法。

（一）徒手进行锻炼的方法

1. 发展上肢及肩带力量的方法

（1）跪撑臂屈伸：由跪撑开始通过臂屈伸使身体前后移动。

（2）俯卧撑：卧撑臂屈伸。

（3）俯卧撑推起：做俯卧撑时利用手臂的力量将身体推起离地。

（4）推小车：两腿被同伴抬起，两臂支撑向前爬行，两人交替进行。

2. 发展腹背肌力量的方法

（1）仰卧两头起：仰卧，两腿、上体同时向上起。

（2）俯卧两头翘起：俯卧，两腿、上体同时向上翘起。

（3）双人仰卧起坐：双人脚与脚钩住，同时起上体。

（4）俯卧起上体：一人俯卧上体向上抬起，另一人按住其腿。

3. 发展下肢力量的方法

（1）单腿蹲起：一腿前举，另一腿支撑进行蹲起练习。

（2）交换腿蹲：一腿蹲，另一腿侧伸，重心在蹲撑腿，两腿交换蹲。

（3）单腿跳：连续单腿跳，两腿交换进行。

（4）双人摆腿蹲起：双人手拉手，一腿蹲撑，另一腿前举，随着蹲撑腿站起，前举腿后摆。

（5）双人跳：双人相对，一手握住对方一条腿，另一手与对方相握，连续跳动。

（6）仰卧蹬伸：仰卧人一腿伸直，另一腿抬起用脚蹬住同伴身体进行蹬伸练习。

（二）利用器械进行锻炼的方法

1. 发展上肢及肩带力量的方法

（1）引体向上：在单杠或高低杠进行，由悬垂开始屈臂引体向上。

（2）摆动臂屈伸：在双杠上做臂屈伸练习。

（3）向上攀握：正对肋木悬垂，两手依次向上攀握。

2. 发展腹背肌力量的方法

（1）悬垂举腿：两手正握单杠，收腹举腿。

（2）挺身练习：背靠肋木跪坐，双手向后正握进行挺身练习。

（3）斜板起上体：脚固定在斜板上，上体抬起。

3. 发展下肢力量的方法

（1）蹬伸练习：双手正握肋木，双脚踏肋木，成团身姿势，然后进行蹬伸练习。

（2）开合跳：两脚开立于体操凳两侧，向上跳两脚并立于体操凳上，反复进行。

三、发展柔韧素质的锻炼方法

柔韧是指人的关节的活动幅度、肌肉和韧带的伸展性和弹性。发展柔韧素质对增大动作幅度，掌握动作，提高动作质量以及避免伤害事故发生都有积极作用。

柔韧素质的状况取决于关节的骨结构，关节周围组织的体积，跨过关节的韧带、肌腱和肌肉的伸展性和弹性。另外，神经系统特别是中枢神经系统调节机能提高、对抗肌肉之间协调性改善等，也决定着柔韧素质的发展。在体操练习中发展柔韧素质的方法很多，以下是简便易行地发展柔韧素质的多种徒手练习方法。

1. 颈部柔韧练习的方法

（1）头颈屈。

（2）头颈转动。

（3）头颈回环。

2. 肩部、上肢柔韧性练习的方法

（1）抓肘向侧下方牵拉。

（2）两手指相插，向前方伸，两腕高于肩。

（3）两臂前撑，指尖向后，身体向后移动。

3. 躯干柔韧性练习的方法

（1）背部上下运动。

（2）跪立顶髓展胸。

（3）仰卧背伸。

（4）仰卧抬腿左右摆动。

4. 下肢柔韧性练习的方法

（1）膝屈伸。

（2）跪立腰伸展。

（3）弓步压腿。

（4）前后劈腿。

第五章　体操教学原则

体操教学原则是在长期的教学实践中积累起来的具有普遍意义的经验概括和总结。这既体现了体育教育的客观规律，又体现了体育教育的基本原则。掌握和运用体育教学的基本原理，有助于我们更好地把握教学目的和要求，科学运用教学方法，完成教学任务，改善教学效果。

第一节　主导原则

在教学活动中，教师的活动始终处于核心地位。在教学计划的执行中，最重要的是要充分调动教师的领导能力和主动的学习动机。师生自主学习理论的本质是“教师教”和“学生学”的双重功能。师生主体的主观能动性是相互依存、相互促进、相互制约的，但在这一过程中，老师应该扮演着主要角色。

“主导性”是指根据教育方针、学生特点和特定的教学程序，利用自身的主观能动性、创造性和业务能力，运用科学的教学手段，迅速地掌握所学的知识和技术。在课堂中，教师的领导力不仅仅体现在实施计划，还体现在对课堂的调控与控制上。教师的指导、传授、调控和控制是影响学生自主学习的重要因素。

在教师的指导和引导下，使学生明白自己的目标，提升自己的学习兴趣，并在课堂上积极、仔细地倾听教师的教导；勤于实践，主动思考，认真地完成课堂教学任务，下课后主动记录和积累自己的学习经验，做好家庭功课，查阅相关的文献。

由于体操运动是一种高难度、高美学的运动形式，它需要学员具备战胜困境和自我展示的能力，所以，培养和激发学生的主观能动性是十分必要的。根据数据显示，在一个人心情好的时候，人体会产生许多有益的激素、酶和乙酰胆碱，它们能使血液流动和神经细胞的兴奋程度达到最优；在体内，糖原浓度会上升，一种促进人体运动的化学成分也会随之增多；感官也会变得非常敏感。这些人体的生理和化学的改变，有助于向细微的方向发展，尽早地形成动态的定势，甚至偶尔顿悟；快速地掌握自己觉得难以掌握的技巧，是目前高校体育教育的一个普遍现象。

要使教师在课堂上发挥主体的功能，激发学生学习的主观能动性，就必须从以下方面着手。

1. 教师必须具有较强的责任心和进取性

教师要对自己的工作充满热情，重视教学工作，培养他们有清晰的学习目标和崇高的理想，指导他们勤奋、积极地克服学习上遇到的种种问题。

2. 教师必须具备良好的职业素养

在此基础上，对高职院校的课程设置等方面进行了全面的认识，掌握学科的最新研究和相关的理论和技术，以适应国内、国外的发展趋势，不断地提升教育的质量和效益；实现了教育工作的科学性、系统性。

3. 根据学生的具体状况进行教学设计

教师应该尽量多地去掌握他们的状况。由于掌握了学生的学习状况，不但能够使他们的思维与情绪得以交流，也能够调动他们的学习热情和好奇心，同时也能够理解他们的学习能力、心理等个性特征，从而更好地调控和控制他们的学习进程。根据对学生的实际状况，进行适当的教学工作，并对其进行适当的教学。只有把教学任务和教学内容与学生的现实相适应，才能维持和提升学生的积极性。

4. 正确的教学方式

教师的学习动机取决于教师的教学方式和使用方式。在课堂上，教师要善于把握学生的学习困难，采取行之有效的教学手段，帮助他们早日冲破困难，顺利地进行学业。从而使广大师生的声望得到进一步提升，增强学生的自信心和胆量，从而更好地激发他们的学习热情。在教学中，教师可以通过提问、讨论、竞赛、评述等方法来提高学生的思维，增强他们的沟通，增强他们的团队合作意识。

教师要及时给予客观、准确、激励的评估，促进学生的学习热情和自信。而对学生进行偏颇的评价，往往会造成适得其反的影响，使其对学习感到不满意和厌恶。总结而言，教师要对同学进行正面评价，找出缺点，并使缺点能够转变成为新的激励讯息，使其发挥优势，纠正不足，从而有效地提升了课堂的教学效率。

第二节 直觉性原则

体操的运动具有一定的技术含量，需要在特定的时空环境中进行，一旦做不好，就会造成一定的风险。可以说，体操运动有其自身难以学习的特性。而对学生来说，认识、理解和体验的最好方法就是感觉。这就需要教师充分运用学生的多种感觉来认识运动，运用现有的体验，进行主动思考，树立正确的运动观念。在实践中逐渐熟悉动作，形成动作技能和技巧。动作示范，模型演示，技术影片；视频、保护措施和生动的文字都是通透直观原理的一种方式。教师要把“身练”和“心练”有机地结合起来，学习“默读”和“过电影”，体悟运动的结构和整个空间的具体关系和整个活动，使大脑皮质能够在一定程度上建立起辅助的连接。

在课堂上，教师要使学生能更好地融入教学活动，就必须使用所有能帮助学生把握运动的工具。通过听觉、视觉来感知动作的意象和空间与空间的联系，并通过对动作的感受、动作的力度、速度、幅度、空间的分布等来感知动作的要害，进而形成动作的视觉和观念。

利用图像构建运动观念是一种行之有效的方法。如利用录像，图片，幻灯片，反射器，电影，图表，模型，专门的教学工具，还有一些操作演示。在中学体育课程中，经常使用直接演示式的练习。要想达到更好的教学效果，就必须使老师的动作准确、优美，同时还要教导学员观察动作的位置，顺序，要点。

运用听力来构建运动的观念，也是一种行之有效的方法。通常采用语言、信号、节拍器和记录的方式。语言生动，比喻形象，通俗比较；通过对这些问题的理性的剖析，可以帮助学员更好地把握操作要点和困难，进而增强其语言的视觉效应。如果使用恰当，也能达到很好的视觉效果。一般在完成力量训练前，要适时地发出讯息，在完成运动的观念确立以后，尤其是在运动的定型期；节拍、录音等有助于改善舞蹈的协调性、节奏感和表现力。

利用触、肌肉本体感受，可以使学生掌握动作概念，形成肌肉本体感受，在动作概念和动作的形成过程中，起到很好的促进作用。教师经常采用触摸人体某个部位的方式，让学生感受到那些肌肉的紧张和发力。而在当代的教育中，也可以通过模仿练习等方式来培养学生的肌肉感受。

在实施直觉式教学时，要特别关注两点：

（1）不能把直觉式的教学单独进行，而要把它与激发学生的正面思考联系起来。我们注重直觉的学习，使学员更好地了解运动技巧，从而更好地熟练地运用这些技巧。如果只是照搬，那就是灌输。教师边做边说，边模仿边思考，这样才能起到启发作用。学生们也只能凭自己的思想感受到基本的技巧。所以，在实施直觉式教育时，应鼓励学生多看多想；教师在进行演示的时候要结合图片说明，并与问题相结合，激发学生的思考能力。所以，这是一种直觉。教育的基本原理是：看、听、练、想。

（2）要清楚使用直觉教学法和手段达到的目标。使用直觉式教学时，要结合教学任务、教材难易程度及不同的学员特点，有针对性地采用不同的教学方式。不管是什么形式，教师都应该有一个清晰的目标，“让学生知道看什么、听什么、做什么、怎么看、怎么理解、怎么做”。直觉仅仅是一种形式，并没有真正实现其目标。在直觉式的课堂中，教师的恰当的演示是最形象、最生动、最方便的。

第三节 因材施教原则

因材施教是指针对学生体质、技术、目标等因素，对教学内容进行针对性地编排和组织。当前，在我国高校中，体操教学组织方式仍然是以班级为主。每个班级都有数十名学生，每个班级的学生都存在着巨大的差异性，为了更好地适应体操教育，必须要针对不同的学生进行个性化的教育。

近代生物学的实验表明，人的身体功能有很大的潜能，因此在体操课上实行因材施教的原则，就是要在体育训练的时间内，充分激发和开发学生的潜能，从而提高体操的知识、技术和技能。

体育教育要做到因材施教，需做到以下几点：

（1）保证教材与大部分同学的真实生活相适应。最根本的原则是要照顾大部分人。对于身体条件较好、技术水平较高、接受性较好的学生，可以通过增加训练的形式，或加强对动作的训练，例如提高动作的品质，甚至增加动作的困难等，使自己的优势和天赋得到最好的体现。对基本功较差、掌握动作较迟缓的同学，应采取针对性的措施，强化体能、基本功、家庭作业、个人指导、正面激励；激励学生突破自身缺点，循序渐进地跟上教学进程，并为完成学业目标而奋斗。

（2）要注意课堂教学的组织。男女学生由于体能和兴趣的差异，应该尽量进行班级或小组授课，既可以区分不同的课程，又可以保证协助的组织与使用。此外，可以区分优等生和劣等学生，进行有目标的教育；可以将其整合起来，使其成为优秀学生的指导。

（3）要使教学方法与不同对象相适应。对于一般学生和优生，教师在教授新动作时，常采用完整教学法；而对差生则多采用分解法或程序教学法。

（4）针对学生的具体情况，布置不同的课外作业。特别对体育素质较差的学生应考虑其身体素质、身体机能等特点，安排适合他们的课外锻炼内容、练习手段等。如俯卧撑、仰卧起坐等练习。并可要求他们每天具体完成不同的次数，以便逐步提高其身体素质和身体机能。而对体育素质特别优秀的学生在课外活动中也要给予相应的指导，以满足他们学习新动作的欲望，并教会优生掌握保护帮助他人和自我保护的方法和技能，以便在体操教学中能起助手作用。

（5）贯彻实施因材施教原则，要求教师有高度的责任感，热爱自己的学生。不管是优生还是差生，教师都要同样热情对待。只有这样，教师才会仔细分析他们的长处，认真观察他们的进步，耐心地对差生进行帮助，及时给予鼓励，从身体机能、素质、心理、智力等多方面去挖掘他们的潜力，促使他们较快地进步。对少数“尖子”学生，更应精心培养，加强指导，使之早出人才，出优秀人才，这也是贯彻因材施教原则的一个重要方面。

第四节　循序渐进原则

逐步式教学是指教学内容、教学方法、练习负荷的科学化、系统化等。在教学过程中，要按照学生的认知行为特征、身体功能和运动技巧的发展规律，合理地组织教学内容、进度、方式和运动负载，从而达到快速、系统化的目的。由于体操运动具有整体性、层次性、系统性，因此在编排上应坚持循序渐进的基本规律。

在体操教学中，要坚持和应用逐步发展的基本原理。

（1）体操课程与教材应与时俱进，加强体育课程的科学化，同时兼顾其实际发展水平、接受能力（包括心理和身体负担）。在编选教材和设计教学方案时，要按照不同年龄、年级和学生的生理、心理特点，循序渐进地规定体操教材的广度、深度，教材本身的系统性和教材之间的横向联系。使学生由易到难，由简到繁，由浅入深，由少到多，循序渐进地掌握有关的知识、技术和技能，并有针对性地提高身体素质，锻炼意志，促进身心发展。

体操教学内容安排的系统性，还需体现运动技能形成的规律和体操动作各类技术的结构体系。因为运动技能的形成，常以原有动作联系为基础。新动作的教学过程在任何情况下都与过去掌握的动作相关联。因此，在考虑教学顺序时，要注意动作技能之间的良性转移和不良转移的可能性，避免不良转移的产生。如单杠的“骑上”和“挂膝上”，二者从动作开始到结束都很相似，可在上成支撑这一主要（关键）环节的技术却根本不同。如果这两个动作同时学习，就会产生不良转移，造成技术上的相互干扰。

（2）在教学方式上，教师要结合教材的难度，结合学生的具体情况，采用各种教学方式和辅助性训练，从简单到复杂，循序渐进；采用逐步的方法，可以让学生更顺畅地熟练地运用各种技巧。另外，应注意到心理与程序性的教育，以及保护性的协助。

（3）训练负载要有科学的表现。教师应根据教学任务、学生的具体情况和教学环境等因素，适当地分配教学任务。重载编排的总体原则是：新传授的或高难的训练的负载应该减少，而温习课程和容易掌握的训练的负载应该更多。一节课时，体育活动的负载要从小到大，然后从大到小，一直持续到最后。在班级里，训练的强度要根据大部分同学所能接受的程度来决定。课堂上的训练和休息要有规律地进行。要合理运用设备和小组的方式调整操作者的操练负荷。在中学体育项目中，通常存在着人多设备不多的问题，可以采取一些学员进行一些器械训练，一些同学进行一些徒手（包括一些辅具）和锻炼体能的锻炼，以提高课堂上的体育负荷。

逐步发展的规律，不仅指教学内容、教学方法、练习负荷的科学化、系统化，而且从宽泛的意义上说，运用逐步发展的原理，就是要让学员的身体各部位、各器官的功能、身体的各项能力和动作技巧发展，协调，系统，安全地发展。

第五节　巩固提高原则

巩固提高原则是根据认识规律和运动技能形成的规律提出来的。知识和技能的巩固是学生学习和锻炼过程中十分重要的环节，如果学习的知识和技能不能得到巩固，就不能在记忆的储存中检索和提取，就会妨碍应用。反之，知识和技能及时提高与巩固就能反过来加深对教材的感知和理解。

体操教学的重要任务是使学生牢固地掌握动作技术，达到不断完善并能在将来的工作中运用自如。学生能否牢固地掌握体操理论知识、技术、技能，是衡量教学质量高低的客观标准。复习巩固已学过的教材内容是学习新内容的基础。因此，每次尽量安排一定的时间和次数，复习前次课所学过的有关内容，使其在原有基础上逐步提高，做到“温故而知新”。

根据巴甫洛夫学说，记忆过程的生理机制是大脑皮质上暂时神经联系痕迹的形成、巩固和恢复的过程。现代信息论的观点认为，记忆就是信息的输入、编码、储存和提取的过程。

在目前学校体育课和体育系普修体操教学课每周安排两次的情况下，除了每次课学习新教材的同时要复习巩固旧教材外，还要组织课外辅导。另外，教师应利用每次课的结束部分提纲挈领地做课堂小结，帮助学生及时复习巩固。此外，教师还可根据需要与可能，对学生布置课外书面作业或练习作业，让学生记写动作技术要领、练习体会或课外及时复习教师当天所教的动作。

体操教学的实践表明，正确动作的动力定型需要经过不间断的反复练习，才能形成。同样，错误技术的不断反复也会形成错误动作的动力定型。因此，复习和巩固已学动作的教学过程必须严格要求动作技术的正确性，在技术正确的前提下多练。为了提高多练的效果，学生应多观察教师的示范动作和同伴完成不同质量的动作，边练、边看，边练、边想，使练习和思考动作的技术要领相结合，加上教师及时地纠正、提示和指导，就会加速学生掌握动作的进程，达到巩固提高的目的。

在体操教学中，加深学生对动作技术的理解是提高和巩固学生所学动作技能的重要手段之一。为了使学生观察局部或整个动作过程的技术要领和细节，教师可采用局部示范、观察某一动作过程的技术图片以及采用录像、电影的慢镜头或停止镜头进行讲解分析，使学生深刻理解动作的技术和要领。

在体操教学中，根据学生动作技术掌握的情况，对学生不断提出新的要求，能促进学生进一步提高和巩固已掌握的动作技术和技能。常采用的手段有以下几个：

（1）在基本掌握动作技术的情况下，要求学生注意改进动作姿态。如要求他们在完成动作时要并腿、绷脚尖等。

（2）在完成动作比较熟练时，可采用改变器械高度、角度，增加标志物、限制物，在斜面或台阶上由下向上做练习等方式，增加动作的难度，以提高学生完成动作的能力，使动作的完成更稳定，质量更高。

（3）要求对已基本掌握的某一动作应能做多次连续的重复，并能把所学的动作编成联合动作或成套动作予以练习。

（4）在教学中可通过提问、测验、教学比赛以及考查等方式，进一步复习巩固和提高已学过的知识、技术和技能。

综上所述，为了很好地贯彻巩固提高原则，应使学生多练，在练习中加深对动作技术的理解，同时教师应及时给予指导并不断提出新的要求，使学生沿着新的目标不断努力奋进，从而达到巩固和提高的目的。

第六章　体操动作的教学

体操动作的教学方法是体育教师必须掌握的教学方法之一。本章从技巧、跳跃、器械体操等动作的教学出发，着重介绍体操动作教学的特点、教学的方法以及教学提示，以便学生充分了解并较好地掌握体操动作教学的方法，更好地运用于教学实践中。

第一节　体操动作教学的科学基础

人们从事各种体操动作练习，从初学动作到形成巩固的动力定型，显然要付出一定的时间和相应的劳动。而教学过程的科学化，就直接影响着这一进程。那么，什么是“科学教学”呢？通俗地说，就是指以最少的时间，最小的能量消耗，达到最大的教学效果。简而言之，即指示少，教法精，效果快，这便是人们常说的少而精，学到手。作为一名教师，在实践中要真正地实现这一点，就必须付出长期的辛勤劳动。因为体操动作教学过程科学化的程度，取决于所涉及的多种学科知识的掌握和综合应用能力的程度。

正由于体操动作是一种人为方式（设计）的身体练习，所以每个动作的教学过程都必然有其自身的特点，而相应需涉及学科的知识面也很广。例如，练习各种体操动作，首先，人体的运动，从生物力学角度来看，都是一种在一定的“时间、空间”条件的位移（包括人体相对于器械位置的变化和人体各环节间相对位置的变化），而引起这种位移的根本原因是各种力的作用。所以，了解动作完成过程有关力学的规律，就显得十分重要。其次，人体产生位移的原动力是肌肉的收缩。显然，在各种动作完成过程中，参与工作的肌群收缩的性质和特点等有关运动解剖学的知识也会涉及。当然，动作练习过程中肌肉收缩的强度、持续时间、动作技术暂时联系的接通以及动力定型的形成等又都与运动生理学的知识息息相关。更应着重提出的是，我们的工作对象是有思维能力的，能进行创造性劳动的“人”。所以在教学过程中，根据不同阶段的对象心理特征，运用运动心理学的有关知识，选择有效手段，克服消极情绪，调动积极因素，更有其特别重要的意义。最后，体操动作完成：讲究“稳定、优美、幅度”，这必然又涉及有关美学方面的知识。在动作教学过程中，还有如何运用辩证唯物主义的哲学思想去分析和解决问题等。

综上所述，体操动作的教学涉及多学科知识的掌握，而这种多学科知识的综合应用能力，就组成了体操动作教学科学化的基础。教学实践早已证明，知识储备越多，综合应用能力越强，教学过程的盲目性越少，教学过程中自由度就越高。分析和应变能力越强，实践教学效果就相应越好。

第二节　体操动作的教学特点

与田径、球类运动等体育活动相比，体操运动的运动教学有着自身的特色。这种特征主要体现为体操运动中“时间”与“空间”的有机结合，以及其中所包含的“内在法则”。同时，根据教学的特征，从教学方法、教学组织、教学要求以及对教学活动的反应、感受和发展的规律等方面，也构成了教学自身的特色。

一、体操运动的特征

（一）非正统

跑、跳、投是人类最基础的体育项目，在体育项目的丰富多彩的门类中，也有很多这样的项目。但就其运动的主体来说，其本质特征是与身体运动的基础运动有一定的偏差。头部倒立、肩肘倒立、手倒立等是身体倒立的姿势；特别灵活的运动有劈腿，下桥，旋转肩膀等；难以保持身体的各种姿势有各种静态、缓慢、有力的运动；也有对运动的空间、结构、空间的判断、控制和要求极为苛刻的回环摆动、空翻、全旋越、脱手再抓等。这种非正统的行为在我们的日常生活中并不常见，仅从身体的基础运动中也不可能发展成这样。这些技术都是基于多年的实践经验，通过专业的精心设计，逐渐定型，并逐渐形成较为稳固的标准。由于其自身的特殊性，大部分的体操运动都是不可自行学习的，因此必须有一个特殊的教学和学习的进程。由于体操运动的特殊性，每个动作都会有一定的困难，而且在完成的时候，还存在着一些风险，所以必须要有针对性地训练，而且还必须要有特殊的防护和辅助。在体操运动中，一些运动的“非正统”特征也会导致“林纳尔德”等现象的产生。体操运动的“非正统”特征，也是其具有综合性和有目的性训练的内在逻辑依据。

（二）困难程度

体操是一种高难度的竞技体育，它的技术特征表现在动作的同时，也表现在对空间的感觉、把握和表达。在运动的构成上，有各种属性的元素，例如：前、后、上、下、内、外等；其运动方式有摆，旋转，滚翻，手翻，空翻；体式有团身、屈体、直体、分腿、并腿等；起始和终止姿势有支撑，悬挂，倒挂，等。体育体操的动作结构包括一百多种基本元素，每个运动都包含着以上各种因素。所以可以说，每个运动都包含了各种技巧的组合。举例来说，每个跳马的起跳都是由助跑、上板、踏跳组成；第一步、推手、第二腾空、第二步、第三步、最后一步，这七个技术，包括助跑、推步、顶肩。一套由翻身、落地站稳等技术组合而形成的整套运动技术。各个部件具有各自的技术需求和标准，但它们之间相互联系、互为补充、互为一体。因此，在练习体操的技巧时，条件反应是非常复杂的。另外，对于单一的运动来说，从一次到另一次的运动，通常需要一秒的时间，在极少的时候，就能熟练地进行复杂的操作，这不仅是一个技术上的需要，更重要的是，要准确地感觉、把握和调整自己的身体。一些体操运动是在某一特定的高度上进行的，其运动的空间尺度限制了其运动的复杂程度。这就导致了在特定的时空距离和有限的瞬间时限之内，在特定的空间领域中进行复杂的运动，其完成的程序与效果有着显著的开放性和不确定性。体操的技术是其他体育无法与之相比的。

（三）艺术

在动作结构、形式、表现手法等几个层面上，体操动作的艺术意义得到充分的发挥。在体操运动的构成中，蕴藏着极为广泛的内涵，这给了体操运动的内容多样化、持续的创新发展提供了很大的发展余地。而丰富多变、信息丰富的体操运动系统，则为其运动的艺术美感提供了丰富的材料。体操的动作形式极为复杂，但绝大部分都是以弧形为主，以圆形、椭圆形和抛物线为代表。比如，不同的回环行为均为环形或卵形；所有的空中翻滚都是由人体重心与躯干旋转的圆周动作相组合而成；所谓滚动，就是人体的重心和全身各个部位的循环动作的综合；各种腾跃、腾空、再抓等动作，都是由身体的重量和更多的复杂的曲线组合而成。它们是最圆润、最活跃、最灵活的线条，也是最具有审美意义的线条。在体操运动的整个过程中，练习者的姿势和表演技术都有着独特的审美需求。比如，在一个运动中，需要把脚伸得笔直，这样可以增加腿部的弧度，让腿部的线条更加优美。此外，一定程度上拉长了下肢，让双腿与整个身体的比例更加接近：接近完美的美感。在女子自由体操成套运动中，需要配合相应的舞步。优美的旋律、鲜明的节奏、优美的舞蹈，以及多种的舞蹈形式，使得体操运动的艺术特征得以更好地展现出来。

二、体操运动训练流程特征分析

体操运动的教学特征与其非常规、复杂性和艺术性有着密切关系。正是由于其自身的特殊性，使其在教学和培训中具有针对性地进行教学，才能取得最好的教学结果。

（一）推广应用于体育教学中的“护”和“扶”

由于体操运动本身的特殊性和复杂程度，它既不适合个体自我学习，又不能脱离自身的防护和辅助。同时，许多体操运动的内涵与人们的日常活动存在着一定的差距，在运动的瞬时性和时空的联系中，存在着极为复杂和变化的要素，且动作的困难程度也比较大；而在进入学校之前，由于对技术、跳跃、器械体操等知识的了解较为肤浅，导致了体操的基本功基础薄弱，对其所学动作的复杂程度及所面临的风险也缺乏足够的了解。所以，对学生进行教育，既是最有效的教育手段，又是最有力的防范手段。在教学过程中，教师的自我防护和辅助功能的使用也可以被看作是其专业素养的一种表现。在课堂上，让学生主动参加保护和协助，是促进学生团结合作、共同提高的一种有效途径。所以，在规划的过程中，既要保证学生的安全，又要做到学生的实际行动；在学习过程中，要主动地指导和组织好同学们的互相保护和协助。

（二）要掌握体操运动的正确性，注意训练的规范化

在课堂上严格地按动作的顺序或顺序排列的教学方法称为“课堂”。根据历史发展的法则，逐渐地理解是人的思想活动的最根本的逻辑形式。体操是一项难度极高的运动，其技术标准以及身体姿态的高低决定了其最终的得分。体操运动的内部关系是多层次的，要从多个视角、多层次地展现出动作的特征，由简单到复杂，从浅到深，逐步认识，理解，掌握，完成和完全的表演。严格、科学地编排课堂，能有效地缩短和加快对动作认知的进程，达到事半功倍的目的，甚至会避免不必要的事故。

（三）多元化的教育方式

体操运动技术的培养是一项条件能力的培养，其运动的构成要素在一个时空中是一个辩证的、统一的、具有鲜明的非正规性和复杂性，从而使培养体操运动技巧的条理性运动也就变得更加复杂。在学习认知与掌握的同时，运用多种教育方式，进行多种形式的信息传输，加快了学生对运动的认知与把握；提升自己的技能，显然是非常有意义的。比如，教师运用言语手段，运用讲述、讲解、分析等手段；通过要求、口令等方法把体操运动相关的知识传递到听力中，使其从更深层次上了解运动；又以直觉方式运用正面示范、侧面示范、缓慢示范，重点示范，正误对比示范，图解说明；通过模型、录像、电影等手段，把体操运动相关的知识传递给学生的感官，从感觉的层次上，使其形成一个正确的、完备的运动形象；再比如，练习方式，如斜面练习，台阶练习，平台练习，通过帮助下练习、保护下练习等方式，把体操动作的相关资讯传递给学员的肌腱、肌梭等内部感觉器官，让学员亲自体验动作的结构、时间和空间特性。

（四）课堂的趣味性

体育教学中的美感是指在体育教学中，对体育的运动美的主观反应、感受、欣赏和评价。每个人都有娱乐和审美的才能，但是这种才能并非与生俱来，而是从实际生活中培养出来的。针对体操运动中的审美体验，不同的学员会产生不同的感觉，个体与个体的体育审美修养、体操技术水平、性格特点等因素，导致对体操运动的审美情趣产生一定的影响。而在体操的课堂上，学生通过观察、欣赏和亲身体会，掌握了丰富的运动线、精确的运动区、严格的节拍和优雅的运动姿势；激动人心的乐曲、战胜困境、获得胜利，都会给学生带来一种特别的激动和喜悦，这些正面的影响将会对接下来的课堂教学起到非常正面的促进作用。体育教学中美的特征对培养和发展体育美、理解运动美、表现美、创建运动美具有非常重要的意义。

第三节　体操单个动作教学过程和教法提示

动作技巧的生成具有一定的规律性，在生理上，从初学者的习得，到能够轻易、精确地进行；动作技巧的成型需要经历三个阶段：动作概念的初步确立、动作质量的提高、动作技巧的巩固和完善。在此基础上，结合体操动作结构、动作空间、动作时间及其相互间的辩证联系，把体操运动分成三个阶段。在一年级阶段，采用最优运动时间和空间的方式，减少了动作的难度，加快了学生对运动过程的掌控。在二次课中，按照常规的运动构造—时空—时间—反复进行训练，以加强运动技能的准确性。在三个阶段，可以适当地减少完成时间和空间的限制，积极地、适度地增加完成任务的困难，以求超额地提升其完成技能；将运动品质和稳定性提高到一个新水平。

一、初步建立行动观念的初步建立

课程的主要目的是使学生对运动技巧有一个基本的认知，获得知觉，并能基本掌握运动技巧。其生理特点为：皮质的激动和抑制作用之间的转换不够灵活，属于普遍的阶段。在进行运动时，由于各个关节的肌肉张力不够，缺少协调，往往会产生过多的运动；看起来动作的表象是费力、不连贯、动作失误多等。在此期间，学生仅能掌握基本的运动技巧，还无法兼顾到具体的操作。所以，在教学中应注重指导学生把握好技术要点，注重讲解和练习，强化对练习者的防护作用；强调的演示与说明，让学生清楚建立正确的运动观念，并掌握基本的技巧与要点。在这个时期，教学过程是在一个时间区域内进行的。在这种情况下，应尽量采用各种手段，使其在一定程度上达到最佳效果，减少其难度，加快其进度。以下是主要的教学方式：

（1）减小器材的高度，例如在倒立的架子上进行肩倒立、手倒立等动作。

（2）增加器材的宽度，例如跳跃台、屈膝跳跃等。

（3）调节器材的倾角，由上而下的练习，以便于操作，例如前滚翻，后滚翻等。

（4）提高器材的弹力，例如采用弹片或附加弹簧或泡沫垫片等。

（5）教师的直接防护，确保作业的顺利进行。

二、提高行动品质

课程的主要目的是逐渐清除各类不良行为，使其能够熟练地运用运动技巧，并改进其协调能力，从而达到提高其完成效果的目的。此期的生理学特点是：皮质的兴奋性和协调性逐渐增强，并进入了不同的分化期。通过不断的实践与反思，错误行为逐步消除，并能自主、准确地进行，提高了运动的协调能力；过度的肌肉张力逐渐消除。但是，这种良好的改变还没有得到很好的整合，一旦受到了不利的影响，其运动的协调能力就会受损。在这个时期，教师要对学员进行反复的训练，加强他们的正确的训练，并注意对他们的失误进行及时的改正；运用各种方法来培养学生的运动技能。演示时要注重正反对照、强调要点、讲授注重细节、注重讲授和练习。在技术发展的要求下，加强体能锻炼。在适当的时候，适当地降低或终止援助，避免形成依赖，并注重培养他们之间的互助。

三、巩固和完善运动技术的发展

此期生理特点为：皮质的兴奋反应高，内部抑制作用强烈，刺激与抑制之间的转化具有高度敏感与协同性。这时，对所学习的运动技巧逐渐成熟，并且能够很容易地进行，即便是在很久的训练中，也不会忘记这些技巧，或者通过简单的训练就可以复原。这时，教师要加强对运动技术的研究，深入地了解运动技术，并能组织学员相互协助，并能及时改正。

本时期训练方式的选取与设计应以采取措施、适度减少完成的时空、时间、限制完成的困难、训练学生的完成技能，改善技术及运动技能的品质。以下是主要的教学方式：

（1）增加器材的起重，训练学生的自信心及坚持能力。

（2）调节器材的倾斜角，由下向上的运动。

（3）将平面变为较高的阶梯，由较低的阶梯到较高的阶梯。

（4）增加限制物、标志物，增加作业规范。

（5）组合动作。

（6）采用教学竞赛、测验等方式。

运动技巧的生成是一个有机的整体，三个层次的区分是相对的，没有明确的界线。根据各个时期的特点，对教学现状进行观察和评价，并适时地采用行之有效的措施，以帮助其迅速地掌握并巩固、提高和发展。

四、体操动作教学方法

体操动作训练是一种以体操动作为核心的体操动作的知识、技巧和技巧的教学方式。体操知识、技术和技能的掌握过程中，必须采用多种教学法。一切体操运动的教学都是以了解和把握所传授的运动的基本规律为终极目标。从传递和接收方式上，可以分为直观、语言、完整和分解三大类；同步练习，游戏和竞赛等。

（一）直接的方法

直观教学是指以动作的演示、图解、模型等形式展示动作的整个动作，让学员理解动作的时间和空间特性。直观教学是通过对学生的视觉分析仪进行学习，从而得到对运动图像的认知，从而构成行为的表现形式。直观的方法有：行为的展示和模型的展示。

1. 行动演示

动作演示是指在教学过程中，使学员能够掌握动作的结构、速度、节奏、幅度等。示范有完整示范、重点示范、慢速示范、比较示范、引导示范等。

（1）全面地演示。全演示是对单个动作、连台动作、整套动作进行全程演示，让学员对动作的总体认识，并能形成完整的动作表现。

（2）突出地展示。强调示范是对动作中的重要和困难部位进行强调，以增强它的明晰性，使其更容易引起学生的注意和了解。

（3）缓慢地演示。缓慢演示是为了让学生能更清楚地看到运动的时间特性，也就是减缓运动的速度。有助于学员对动作的观察与识别，加深对动作的认识。

（4）比较地演示。对照式教学法是通过将教学中的典型动作与不恰当的行为进行对照，使学生能够更好地进行正误的对比和区分，从而加深对其认识。

（5）领做是由教师和学生同时完成的一种训练，主要应用在基础体操和自由体操中。

2. 模型展示

模型展示是用图形和模型模拟、表示动作的方式。模拟示范的最大特色是方便“固定”和解释，让学员对每个环节有更多的理解。电影、电视、录像等现代电子教育也是一种很好的教育方式。

在使用直觉方法时，要从下列几个角度加以考虑：

第一，教学中的动作演示要精确而美观，使学生能够树立出一个正确的、完全的运动图像，并能激发和调动他们的积极性。

第二，要按照不同的运动技巧的发展特征，进行有目标的教学。在教学过程中，第一步要做到准确、全面地演示，并结合生动、形象、简明的解说，培养学员对运动的整体观念。同时，在第二步中，除了要进行正确的全面的示范以外，还要进行一些关键的或不准确的操作，以防止和改正这些问题，加快技术的进步。第三步是注重对运动的具体操作和技巧的加强，这一步展示量较小。

第三，适当选取教学地点和教学内容，有利于提升教学效果。老师的示范方位和指导的方向取决于学员站立的队形、动作的性质以及对安全的需求。向前和向后的移动可以有一个侧向的演示，向左和向右的移动可以是一个镜子来演示，对于路径比较复杂的可以使用后面的演示。

（二）语法教学

语法课是利用辅助信息系统中的有关联性来帮助学习者熟练地掌握运动技术。语法教学通过对学生听力的影响，加深学生对运动的认识和掌握，激发学生积极思考、想象和联想，提高学生对问题的处理和分析。语言法包括：讲述、解释、提示、口令、评价、要求等。

（1）叙述是由教师对动作的外在特点，如动作的过程、方法等进行描写。

（2）说明是教师为学生解释运动的基本要义和原则，并展示其运动的内在特性，如运动的构造与空间的联系以及运动的技术原则。

（3）提示：教师在进行教学时使用简单的词汇，以加强对动作的正确性，并对其进行压制。

（4）口令是教师用言语传达给学生的集体行为。暗号小组有密码和节拍密码。队列口令是一种口述的指令，用于指挥队伍的行进、停止和队列的改变。节拍口令使一支团队的节奏与动作协调一致，并传达出动作的速度、强度和节奏。

（5）评估是教师通过口头评估学生的完成行为的品质。

(6) 要求是教师在质量和数量上向学生提供的条件。

在使用语法的时候要特别留意下面的一些问题。

(1) 在运用语言时，要做到形象生动、通俗易懂，要做到对体育的专业词汇的准确运用和对学生的理解。

(2) 要言之凿凿，强调要点，体现行动的时间和地点之间的内在联系。

(3) 在教学过程中，目标和目标各异。例如，第一阶段结合演示的技巧，详细讲解了操作要点和技巧；第二阶段针对学生在课堂上遇到的问题进行了分析和改正；第三阶段是对运动的更深层次的挖掘，对运动品质的提高，强调了言语的激励和引导，使其具有正面的思考能力和想象力。

(三) 整体和拆分

完备和分解是基于“综合”和“分析”的人的思维方式。体操的全身性是把所有的运动作为一个整体，从运动的起点到终点，以一种直观的方式传授。整体式教学有助于学生形成整体的运动表现，并能掌握动作之间的复杂关系，并能形成正确的运动观念。对于某些快速、动态的运动，教师只有在进行一定的预备训练后，才会让他们完全地进行。完全法则的缺点是不能适应所有的体操运动，而当这种方法有效的时候，完整法就会被分解的方法所取代，成为下一种教学方法。分解法是把每个动作看成一个完整的整体，再把它看成是若干个有机体的部件组成，老师把每个部件依次向他们讲解，然后指导他们一步一步地进行，直到把它们全部学会为止。

在运用整体式和分解式的方法中，应该考虑下列几个问题：

(1) 对于一些简单易做的操作，教师在完成了全部的说明和演示后，可以让他们进行完全的操作。对运动的需求可以从简单到困难，循序渐进地提升。要让同学们在对技术的具体问题上，先掌握要点。

(2) 对具有一定困难和复杂程度的运动，要按科学的方法划分为若干小段，以便使学生能一次一次地熟练地运用。在进行活动的分割时，要充分地考虑相互之间的关系，同时要注重不能损坏整个动作的整体。

(3) 拆解教学的终极目标仍在于让学生全面地把握动作技巧，并将其与整式教学相配合，以让学生明白整个运动中各个环节的定位和分解学习目标。采用分解方法加快了学习过程，采用了完全规则，从而改善了学生的行为品质。二者配合起来，更是相辅相成，起到了很好的作用。

(四) 训练的同步性

体育教学是一种双向的运动。教学的方式有教师的教学方式，如：对学生的帮助，设置斜面，改变动作的结构等；把教师传授的方法融入学生的实践活动中，实现了教与学的统一，称为“同步实践”。同步训练方法是对身体的感觉器官进行训练，循序渐进地训练身体的工作功能，逐步实现条件性训练，进而确立运动的基本理念，并形成运动技巧。

在体育教学中，训练是最基本、最主要的一种训练方式。而在体操运动中，由于其难度与美学特性，且不易自行掌握，因此，其训练就显得尤为关键。其他一些教法，如直观法、语言法等，都是起着引导作用或滞后分析作用，而非直接式的教法，则需要通过学生实践来实现。为此，教师应该把注意力集中于与学生的训练相结合的教学方法，也就是“同时训练”。同时，实践活动的内容是否丰富多彩，从一定意义上体现了教师专业技能水平和理论水平。

从体操动作结构、动作时间、动作空间等方面的含义以及三个动作的辩证联系出发，在教学的早期阶段，常采取简化动作结构、最优动作空间的方式；减少动作的困难，以帮助学员逐渐了解、感受、掌握其动作的规律和空间。在掌握了该技术的基础上，通过反复的训练，加强对该技术的内在特性的了解和掌握，从而达到更好的效果。在普通的体育课程中，通常就是这样。而在体操学习中，特别是在体操训练中，要在学员熟练地掌握这些技巧以后，尽量减少做完的时间和空间的限制，以便于学员和选手在难度较大的环境中进行动作的练习；这样才能更好地发挥出自己的作用，达到完美的效果，让自己的表演更加地有魅力，更加的稳定。

依据体操动作结构—时间—空间之间蕴含的辩证关系，将同步练习法分为以下几个方面：

1. 行动的变化

变化的时间就是对运动的影响。在不同的教学过程中，要根据学生的实际情况，适当地调节学生的训练难度，以提高学生的学习能力。有很多种方式可以更改运动的时间，下面简单介绍一下。

（1）延迟操作（稍微用点力气，慢慢地做），减少操作的困难；保持不动（用手倒立可以增加运动的时长），增加了对人体的控制。

（2）操作的时间减少。缓慢而有力地训练，例如缓慢地开始倒立；一开始可以稍微摇晃一下，通过加速来减轻上半身的困难。

（3）移动速度的变化。不管是单独的或集体的，都有自己独特的节拍，减慢或加速可以造成不同的动作。

2. 移动的变化

移动的变化是通过调节组成运动的各个要素来实现难度的变化，从而达到提高课堂教学的目的。下面是实践：

（1）对器材的高度进行调节。可以在倒立的架子上进行，例如：肩倒立、手倒立、倒立转体等；山羊和鞍马的全转可以采用无腿山羊、无腿鞍马等低设备进行训练；高水平的短距离回环等运动，比如后回环可以在较低的单杠上进行；可以在平衡木上进行跳步、翻滚等运动，也可以在没有脚的情况下进行。

减小器材的高度可以减少或消除新手的畏惧，增强练习者的自信心，并有利于他们的掩护和协助。

（2）对器材的宽度进行调节。比如跳马可以采取跳板，以克服第一次训练时对支撑空虚的畏惧；在地上画出一条直线，进行平衡运动；调节高度，以达到最大宽度和最小幅度，减少技术困难，增加成功。

（3）改变器材的夹角，使器材变成倾斜的。

①倾斜式的翻身运动，由上而下，这样可以让练习者的身体处于一个良好的姿势，并且很轻松地就能把它完成。也可以反向进行，由下而上，使整个过程更加困难。

②把跳马改成斜角，使练习者更容易看到要支持的位置，减少对跳马近端的畏惧。

③调整双杠为斜面，进行悬臂的屈伸训练，以改善新手的身体中心，便于操作；也可以反向进行，增加了训练的困难和趣味。

（4）对器材的长度进行调节。若用两只羊代替纵跃，则根据实际状况调节两只羊的间距。例如，把一条橡胶带在羊前面，让学生知道自己跳的距离。

（5）对器材的弹性进行调节。

①在骑马的背上放一片软垫布，当您用手推时，可以减轻您的腕部受到的撞击，使您感到更安全和更可靠。

②将一片海绵放在双杠表面，练习前、后摆、前滚、挺身、后滚翻，以防止由于做错而导致腿受伤。

③在跳台上放置一个跳台，这样可以获得较大的弹力。

（6）对器材上的运动位置进行调节。如果是在双杠中的转杠下，可以在刚开始训练的时候在杆头上进行，以免在运动失去控制的情况下击杆。

（7）附加设备、辅助设备、防护设备。

①在跳马表面放置一个球形标记，以提示运动员的支持和推手的角度。

②在两杆一侧放置一个台子，进行几个下步的练习。

③把一根绳子系在横杠上，进行缓慢的倒立和控制。

④在设备上设置防护绳等。

⑤改良腕部支持方法，如“蘑菇山羊”“环形山羊”等。

⑥教师在教学中的指导，确保练习者能够安全、平稳地进行各种操作。

3. 运动的构造变化

变化运动的构成就是要对运动的基本元素和连接形式进行变化。其中有些运动元素是很有活力的，它们可以充当“积木”，构成运动的“要素链”，是整个体操运动系统的重要组成部分。随着“元素链条”的发展，可以培养技术人格，并能熟练地控制一系列的行为。

（1）动作起始姿态的变化。如果要学会跳起，可以从坐在板凳上开始，体验到这个动作的关键点。

（2）在行动“要素链”中进行变化，使其运动的水平和水平方向上的运动的难度得到提高。

体式：弓腰，挺直，挺胸，挺直。

旋转角度：90°，180°，270°～360°。

完成动作的关键一环：悬挂手臂，旋转90°～180°时，是由手臂和胳膊同时悬挂双杠支撑身体，旋转180°～360°时，则仅由胳膊支撑身体。

4. 改变动作时间—空间的方法

练习时用席垫做阶梯，进行头手翻和前手翻，或做空翻。由较高的阶梯过渡到较小的阶梯，可以改善运动的时空状况，便于动作的完成。从较低的阶梯到较高的阶梯进行，可减少所需的时间与空间，并可积极地增加其完成的困难，从而增强其完成技能的质量。

5. 组合运动的时间序列变化

组合运动的时间序列变化，例如一个组合的一个动作，一个上半套的动作，一个完整的组合的动作。

6. 标准运动的构造——运动的训练

在形式上，同步性训练和全身性训练的解剖学相似，但是，同步性训练并不能完全相同。也就是说，重复演练所传授的运动，而不会发生变化。完全和分解只是针对运动的构造，从教师的指导过程来看，主要是根据教师的具体操作过程来进行。而“同步训练”则含义更为宽泛，它是从理论与实际出发，将动作结构、时间、空间三者之间的有机整体以及它们之间的辩证统一进行合理的分析与调节，其中既包括了教师的“教”，也包括了“学”的两个要素。在教学中，应结合学生的实际情况，采用多种方法来减少学生的动作困难，以便于学习；既可以加速学习过程，也可以反过来利用，通过设置合适的方法来增加难度，从而锻炼和发展学生的技能。同时，也存在着难度和双向调节的问题。

在进行同步训练时，应该考虑到下列问题。

（1）要有清晰的教学目标，每次实践都要给学生提供一些具体、实用的要求和目标。

（2）针对学生的特点、动作的难度、动作的各个环节，合理地安排练习的方法、练习时间、重复次数等，以帮助学生尽早地熟练地掌握动作，从而达到更好的效果和对动作的掌控。

（3）注重对动作失误的防范与及时改正，并适时运用示范、讲解等方法，适时地对技术进行剖析，使学员在掌握技术的基础上进行训练。

（五）竞赛

体育类运动项目内容丰富、表现形式多样、趣味盎然；深受广大大学生的青睐，有利于提高体育竞技能力，增强体育锻炼的集体意识和灵活机智勇敢果断的精神品质。正确运用“游戏”的方法，能使课堂生动活泼，激发学生的学习热情，促进教学的成效。

在课堂前可以设置一些体育项目，以帮助同学们更好地集中精神，增强他们的积极性，使他们更快地投入到课堂当中；比如：“反口令”“报数”“跳马过关”“抬木人”等。还可以在课程的基础上，根据教学的主体，合理地选取游戏的内容和组织方式，或者由教师自行设计、制作；负责本课程的教学工作。比如，要使学生在完成的过程中，高度、距离、力度都要达到；转体精度，落地稳定性，姿态优美，动作节奏、动作熟练性等是项目活动的主要要素。在课程的最后，通常还会有一些活动，以身体和精神的方式来让学生得到休息和康复。

在运用游戏的过程中要特别关注以下几个方面。

（1）可以普遍参与的活动。比赛中应力求让全体同学参与，并能在相对比较短暂但一致的时间段里进行充分的活动。

（2）要有明确的目标。具体而言，就是根据教学内容、教学目标任务、学生年龄等因素进行分析；根据不同的环境选择不同的性别。

（3）完整的游戏系统。游戏规则是一种教育方法，其内容包括游戏名称、游戏目的和游戏方法；游戏规则，游戏结果，场地器械，都要详细说明。

竞赛是在创造竞争环境中进行教学活动的一种方式。竞赛活动充满了浓厚的趣味。运用竞赛方法进行教学可以最大限度地开发学生的潜能，培养其在复杂环境中的运动技能，培养其良好的精神状态，培养其集体主义意识，勇于拼搏的精神品质，培养优良的运动品德。

竞赛的组织方式是多种多样的，按照目标任务为基准，可以分为教学竞赛、测验竞赛和游戏竞赛；按数量划分，可分为个人竞赛、班级竞赛、年级竞赛等；比高度、比远度、比软度、比精度、比质量、比稳定性等作为比赛形式。

竞赛方法在组织中的应用应该引起人们的重视。

（1）竞赛方法的使用旨在加强运动员的运动能力，增强运动员的技术能力，所以在竞赛时间上应在运动员基本熟练的情况下进行，以保证竞赛的成功进行。

（2）不论课堂竞赛、阶段竞赛、学期竞赛、学年竞赛，均有明确的规定，评定结果必须公平、合理、准确。

（3）要安排同学参加竞赛，并在竞赛中给予适当的保护和协助，防止意外受伤。

第七章　体操比赛的组织与裁判

本章着重介绍群众性、竞技性体操比赛的组织与评分办法，包括基本体操和竞技体操的规定动作与评分工作。通过本章的学习，有利于加深对竞技性体操比赛的了解并提高欣赏水平。

第一节　群众性体操竞赛的组织工作

群众性体操竞赛是一种集体性比赛活动，其特点是内容丰富，形式简便，变化多样，不受人数、年龄、性别等条件的限制，因而易于开展。

开展群众性体操竞赛活动，能促使更多的人参加锻炼，以改善人们的健康状况，提高学习效果和工作效率，还可以培养人们的组织纪律性，增强集体荣誉感，并可陶冶情操，丰富业余生活。

群众性体操竞赛活动由于人数多，场面大，组织工作相应困难，因而事先必须周密地做好各项筹备工作。筹备工作须由主办单位按有关会议的决定或上级指示进行。群众性体操竞赛的工作顺序如下：

一、制定竞赛规程

竞赛规程是比赛的指导性文件，所有的参赛单位和个人都必须遵守。制定竞赛规程时，既要注意使比赛顺利进行，又要避免影响正常的学习和工作。规程草案议定后，一般应先征求各参赛单位的意见，经修改后，再由主办单位批准，于赛前1~3个月下达各参赛单位。

（一）目的、任务

目的、任务通常有以下几种。

（1）为检查教学效果举行的教学比赛。

（2）为培养学生编操能力而举行的自编操比赛。

（3）为开展群众性体育活动、交流锻炼身体的经验、增进友谊而举行的比赛。

（4）为提高锻炼水平而举行的冠军赛。

（二）比赛时间和场地

比赛时间的确定，应注意尽可能不影响参赛者的学习和工作，同时又能有更多的观众。

场地分比赛场地和入场前的准备场地。比赛场地可按“比赛人数 ×2 米间隔 ×2 米距离”来计算，还应考虑到道具或轻器械的长度。入场前的准备场地应根据进、退场的队形和人数的多少进行安排。确定比赛时间和场地还必须注意气候的变化。下雨时如何处理，须有明确安排，以免临时造成混乱。

（三）比赛的内容

比赛的内容有广播体操、儿童体操、课间操、工间操、生产操、保健操、健美健身操、以体操动作为主的单场团体操以及持道具或轻器械的体操等。

评比的方面通常看进、退场的队形，领操员的指挥和做操。具体内容应根据各参赛单位的实际水平和比赛史来确定。初次举行比赛时，多采用单一的比赛，有一定水平或比赛史的单位可选用较多方面的评比；也可选用单一方面的高水平比赛。

自选操的比赛应有时间规定，以便保证比赛的顺利进行及表演的质量。一般以 5 ~ 10 分钟为宜。

（四）参赛办法

参赛办法一般有以下几种。

1. 人数相等的比赛

规程中应明确以下两点。

（1）男、女是否分开比赛，如男、女合场，则须明确男、女所占人数。

（2）企事业单位的比赛，由于年龄、性别的差异较大，规程中应作明确规定，如男、女各占多少，老、中、青各占多少或老年人不得少于多少，或在老年人中女（男）子不得少于多少人等。

2. 人数非相等的比赛

人数非相等的比赛是指参赛单位在比赛中所选派的人数可不必相等，但应有一定规定。

（1）出满勤的比赛。各参赛单位的人除持有请假手续和因公在外，其余必须全部参加，对无故不参加比赛的人要扣分。

（2）规定最低限度人数的比赛。规程必须明确规定各参赛队人数的最低限度。例如，各参赛单位人数不得少于多少人，违者要扣分。

（3）有的比赛要对年龄、性别比例加以规定。

（五）确定比赛顺序

确定比赛顺序有抽签、安排和抽签与安排相结合三种，一般多采用抽签。

为保证各参赛队能顺利地进行适应性练习及做好场地标志等准备工作，小型比赛一般在赛前5～7天确定出场顺序，中型比赛在赛前7～15天确定出场顺序，大型比赛则可再提前。

（六）奖励及名次

1. 团体赛

根据参赛队的数量及奖励条件，按一定比例设立团体赛名次。一般以参赛队的1/3～1/2为宜。

若团体赛分男子和女子，则对团体奖可有两种评定方法：一是男、女成绩相加决定名次；二是男、女分别计成绩各设团体奖。

若得分相等，名次可并列，但须取消下一名次。如最后一名次并列，则应增补一最后名次的团体奖。也可按做操的成绩，排定得分相等时的名次。

2. 单项奖

为调动广大群众参赛的积极性，根据实际情况可设各种单项奖，如做操表演奖、队形表演奖、自编操创编奖、精神文明奖、创新开拓奖以及综合表演奖等。单项奖应控制在参赛队总数的1/4～1/3为宜。

3. 个人奖

个人奖一般是对领操员、指挥者或编操者等的奖励，以利于发挥个人和集体的积极性，但奖励名次不宜过多。

个人、单项得分若相等时，可采用名次并列、取消下一名次的排列方法，或根据团体赛中的得分，成绩优者名次列前。若再相等，则名次并列。

二、召开领队工作会议

赛前须由主办单位负责人、各参赛单位的领队及总裁判长组成竞赛委员会，并由竞赛委员会负责人召开领队等有关方面联席会议。会议的主要内容如下。

（1）作比赛场地及设备等情况的汇报。

（2）解释竞赛规程和评分规则等方面的有关问题。

（3）确定比赛顺序。

（4）安排试用场地。

（5）讨论和解决有关比赛的问题。

三、编印秩序册

在确定比赛顺序后，总记录组应尽快编印秩序册。秩序册的内容主要包括参赛单位、竞赛活动日程安排、比赛顺序、场地试用安排、裁判员学习日程等。

四、组织裁判员学习

（1）学习竞赛规程和评分规则。

（2）观察运动员练习及试评。

五、做好试用场地、器材等的准备工作

（1）主办单位要与参赛单位协作配合，完成画场地、钉标记、安放道具和轻器械以及安置音响设备等准备工作。

（2）做适应性练习时，要有专人统一指挥。严格按规定执行各队试用场地的时间或次数。

（3）要保证裁判员能运用评分工具进行试评。

六、比赛

（1）指挥。为保证比赛的顺利进行，主办单位与裁判组工作要协调配合，统一指挥，使各队的进退场快而不忙，紧而不乱。

（2）宣布成绩。

（3）处理问题。比赛中如果出现某些问题和矛盾，应迅速报竞赛委员会，以便能及时解决。

七、发奖

比赛一结束应及时当众发奖，这不仅表现了主办者的组织能力，也反映了裁判工作的公正态度。当众发奖需要总记录处的工作具有较高的效率，能及时正确地计算出成绩。发奖仪式应简短、热烈而又有条不紊，事先须作周密的安排，以达到较好的宣传效果。

第二节　群众性体操比赛的裁判工作

一、裁判组人员及其工作

（一）裁判组人员组成

群众性体操比赛通常设总裁判长 1 名，裁判长 1 ~2 名，总记录长 1 名，记录员 1 ~2 名，检录员 1 名及裁判员若干名。

（二）裁判员的分组分工

1. 单一方面比赛的分工

单一方面的比赛，实际上是指做操的比赛，一般采用一组裁判。在裁判分工方面一般有全场评分、分区评分和分区与全场相结合的评分3种。在参赛队伍人数较少的情况下，多采用全场评分；在参赛队人数较多的情况下，多采用分区评分或分区与全场相结合的评分。

2. 多方面比赛的分组分工

举行多方面的比赛，裁判组常采用以下两种分组分工形式。

（1）全场裁判组。全场通评的裁判组在运动员人数不多、进退场队形变化不大的中、小型比赛较为适用。在参赛队人数较多时（百人以上），由于裁判视野的局限性，要通观全局是比较困难的，故一般多采用分区评分。分区评分有分块评分、分纵队评分、分横队评分和就近评分等。

（2）两组以上裁判组的分工。裁判组的分工是根据比赛规模大小和比赛方面的多少来确定的。裁判员的分组多在运动员人数较多、队形变化较大的多方面比赛情况下采用。这种分组工作的优点是评分较细，不易漏判，但对裁判的需要量较大。

（三）裁判员的工作位置

为裁判员安排的工作位置应使他们能清楚地观察到运动员所做的动作。

1. 裁判员集中就座

裁判员集中就座的优点是：各裁判员能从同一角度观察运动员的表演，评分的差距比较稳定，出分快，工作紧凑。不足之处是：对运动员表演动作的观察有死角，易漏判。因此适宜于小型比赛。

2. 裁判员分区就座

这种就座位置的评分属局部区域的评分，对本区域内的动作表演观察得较为清楚，不易漏判，但出分较慢。为此一般要安排1～2名跑分员或设置传分器，以保证能及时将分传至裁判长处。为缩小区与区之间的评分差距，通常采用局部区域的评分为主、兼通观全局的方法为宜。

二、示分方式和计分

（一）示分方式

1. 裁判员公开示分，裁判长示最后得分

裁判员当众示分后，由记录员按计分方法算出最后得分，然后由裁判长当场示分。

2. 裁判员不举分，由裁判长示分

裁判员评分后交跑分员或由传分器将分传至裁判长处。计算后，由裁判长当众示分。

（二）计分

为适应群众习惯，评分、计分多采用百分制，从0.1分扣起，也可扣整分。

1. 累积平均法

累积平均法是指裁判员所评分之和除以裁判员的人数为最后得分的计分方法，即：

$$\frac{\text{各裁判员评分之和}}{\text{裁判员人数}}=\text{最后得分}$$

2. 分值累积法

分值累积法是指在已确定各裁判员起评分值的基础上，通过评分（扣分），将各裁判员所得（剩）诸分之和确定为最后得分的计分方法。例如，某裁判组共有裁判员4名，已确定每名裁判员的起评分值为25分。各裁判员的评分（扣分）为：甲17分；乙18分；丙21分；丁20分。按分值累积法，最后得分应为17+18+21+20=76（分）。

3. 取中计分法

取中计分法是指裁判长去掉裁判员中评分的最高分和最低分，取中间分的平均数为最后得分。取中计分法是群众性体操比赛常采用的一种计分方法，主要适用于全场评分，分区评分时不宜采用。

三、评分

评分的主要内容有做操、队形和其他，如领操员的指挥、服装、道具或轻器械、音乐、精神面貌等项，但主要以做操为主。其比例如表7-1所示。

表7-1　评分的主要内容及其比例

序号	做操	队形	其他	说明
1	100	0	0	只比赛做操
2	80~90	0	10~20	以做操为主，有“其他”方面的比赛
3	40~80	10~40	10~20	进行做操、队形变化和“其他”的全面比赛

多方面的比赛，规程中应明确指出比赛的方面及其在本次比赛中所占的比例。

(一) 规定操的评分

1. 规定操分值的分配

规定操分值的分配是指完成动作质量、整齐程度和其他方面在全套动作中所占分数的比例。

规定操以节为宜，按难度分配分值，如表 7－2 所示。

表 7－2 规定操分值的分配

序号	动作质量	动作整齐性	其他
1	40 分（8 节×5 分/节）	40 分（8 节×5 分/节）	20 分
2	48 分（8 节×6 分/节）	40 分（8 节×5 分/节）	12 分
3	64 分（8 节×8 分/节）	24 分（8 节×3 分/节）	12 分
4	45 分（9 节×5 分/节）	45 分（9 节×5 分/节）	10 分
5	54 分（9 节×6 分/节）	27 分（9 节×3 分/节）	20 分
6	36 分（9 节×4 分/节）	45 分（9 节×5 分/节）	19 分
……	……	……	……

2. 规定操完成质量的评分

（1）漏做的扣分。每漏做一节或多节操，须扣去漏做部分的全部分值，包括完成质量、整齐一致及其他。

（2）动作顺序错误的扣分。成套操中出现顺序错误，应扣去前后颠倒部分分值的一半。对完成情况的错误仍须扣分。

（3）身体姿势错误的扣分。操中出现基本姿势不正确或出现身体姿势与规定要求不符，视为身体姿势错误。例如，举臂的动作出现臂弯曲，踢腿时腿未伸直等均属身体姿势不正确。表 7－3 列举了身体姿势错误的扣分范围。

表 7－3 身体姿势错误的扣分范围 单位：分

错误	个别	全体 1/3～1/2	全体 1/2 以上
轻微	0.1～0.2	0.5～1.0	1.5～2.0
显著	0.3～0.4	1.0～1.5	2.0～2.5
严重	0.5～0.6	1.5～2.0	2.5～3.0

扣分幅度应注意以下两点。

①一套操中，分值高的几节操出现错误应重扣，分值低的则轻扣。

②一拍中出现的姿势错误应与多拍中出现的有所区别。

（4）动作技术错误的扣分。技术错误是指完成动作中的路线、方向、部位与规定要求不符。技术错误的扣分同表 7－3。

扣分幅度应注意以下两点。

①一套操中，分值高的几节操出现错误应重扣，分值低的则轻扣。

②根据技术错误的严重程度和内容（如动作路线、方向、部位等）的多少，扣分幅度应有所区别。

3. 对规定操整齐性的扣分范围（见表 7－4）

表 7－4　　对规定操整齐性的扣分范围　　单位：分

错误	个别	全体 1/3～1/2	全体 1/2 以上	说明
动作不整齐	0.1～0.4	0.5～1.5	1.5～3.0	分节扣分
列队不整齐	0.1～0.2	0.3～0.5	0.6～1.0	分节扣分
身高排列不整齐	0.2～5.0			全套操结束后一次性扣分

4. 规定操其他方面的扣分（见表 7－5）

表 7－5　　规定操其他方面的扣分　　单位：分

错误	完成很好	完成一般	完成较差	完成很差
领操员的指挥	0.1～1.0	1.0～2.0	2.0～3.0	3.0～5.0
服装、音乐	0.1～0.5	0.5～1.0	1.0～1.5	1.5～3.0
道具或轻器械	0.1～0.5	0.5～1.0	1.0～1.5	1.5～3.0
精神面貌	0.1～0.5	0.5～1.0	1.0～1.5	1.5～3.0

5. 参赛队人数与竞赛规程要求不符的扣分

竞赛规程对参赛队的人数应作明确规定，对缺人数的队应按比例扣分。其扣分公式为：

$$扣分数=\frac{缺席人数}{规定人数}\times 满分数$$

例如，某校举行广播体操比赛，按规定，每班参赛人数不得少于 40 人，在检录人数时，某班人数为 36 人，缺席 4 人，经计算得：

$$\frac{4}{40}\times 100=10\text{（分）}$$

故该班应扣除 10 分，即起评分为 90 分。

具体做法是由检录长在检录人数后，即将检录情况送交裁判长，由裁判长核算后从总分中扣除。

（二）自选操的评分

自选操的评分一般从编操、完成情况和其他三项进行。自选操和规定操的主要区别在于编操，对“其他”方面的评分与规定操大体相同。

1. 自选操分值的分配

自选操的特点主要体现在一套操的动作选编上，“编操”分值关系着难度及比赛的水平。故确定编操分值时，应从准备时间、编操能力、物质条件、做操水平等因素方面选择适中的方案。

自选操分值的分配如表 7－6 所示。

表 7－6　　自选操分值的分配

编操	完成情况	其他	说明
45 分	45 分（9 节×5 分/节）	10 分	一套操以 9 节为例
40 分	45 分（9 节×5 分/节）	15 分	
36 分	54 分（9 节×6 分/节）	10 分	
……	……	……	
42 分	48 分（8 节×6 分/节）	10 分	一套操以 8 节为例
34 分	56 分（8 节×7 分/节）	10 分	
31 分	64 分（8 节×8 分/节）	5 分	
……	……	……	

2. 自选操的编操评分

（1）难度。难度是指操的动作幅度、方向、节奏、节拍、做法等的变化和复合动作所占的比重。

（2）动作的新颖性。

（3）整套动作的组编水平。

①内容要符合表演者的年龄、性别、工作或学习特点。

②编排顺序要符合编操原则。

③所编动作要使人体全面发展。

④整套动作的运动量安排要合理。

⑤所选用的道具或轻器械要符合操的特点并具有艺术性。

凡违反上述各条者均应酌情扣分。裁判组事先应根据总分中编操所占的比例，制定出扣分细则，由裁判员按细则执行扣分。

编操分值以 30 ~ 45 分之间为宜。扣分细则举例如下：

未达到（1）条要求时，扣 0.5 ~ 5.0 分。

未达到（2）条要求时，扣 0.5 ~ 3.0 分。

未达到（3）条①款要求时，扣 0.5 ~ 5.0 分。

未达到（3）条②款要求时，扣 0.5 ~ 5.0 分。

未达到（3）条③款要求时，扣 0.5 ~ 3.0 分。

未达到（3）条④款要求时，扣 0.5 ~ 3.0 分。

未达到（3）条⑤款要求时，扣 0.5 ~ 3.0 分。

3. 自选操完成质量的评分

（1）身体姿势不正确。每节动作的扣分可参照表 7 – 3。

（2）动作技术错误的评分。动作技术错误是指身体各部分所完成的动作与正确技术不符。例如，侧举臂不平，上举两臂不平行，转体时脚跟离地转动等均属动作技术错误。动作技术包括动作部位、路线和方向等。如果运动员在做某一动作时出现了或部位或路线或方向的单一错误时，可从轻扣分。若出现多种错误时，则应从严扣分。每节动作的扣分可参照表 7 – 3。

4. 自选操“其他”方面的评分

“其他”方面的评分可参照规定操“其他”方面的评分。

在广播体操或徒手体操等的竞赛活动中，有时不设领操员或减少某一内容，裁判组在制定扣分细则时可适当增加其他内容的分值比例。

（三）规定队形的评分

队形比赛分规定队形和自选队形。队形作为一次比赛的主要内容之一时，在变化上应有一定难度要求，在总分中应占有一定比重的分值，并应与其他方面的分值相协调。

（1）凡与规定队形要求不符均要酌情扣分。

规定队形分值以占总分 20% ~ 30% 为宜。扣分范围如表 7 – 7 所示。

表 7－7　与规定队形要求不符的扣分范围　单位：分

错误	个别	全体 1/3～1/2	全体 1/2 以上
轻微	0.2～0.5	0.5～1.0	3.0～4.0
显著	0.5～1.0	1.0～2.0	5.0～6.0
严重	1.0～2.0	2.0～4.0	7.0～15
全错	2.0～4.0	4.0～10.0	15～20

（2）凡队形完成质量不高者，均要酌情扣分。

队形质量是指整齐情况、行进间动作、音乐节奏等。扣分范围如表 7－8 所示。

表 7－8　队形质量不高的扣分范围　单位：分

错误	个别	全体 1/3～1/2	全体 1/2 以上
轻微	0.2～0.5	0.5～1.0	3.0～4.0
显著	0.5～1.0	1.0～2.0	5.0～6.0
严重	1.0～2.0	2.0～4.0	7.0～10.0

（四）自选队形的评分

自选队形分值以占总分 20%～30% 为宜。扣分范围如表 7－9 所示。

表 7－9　自选队形的扣分范围　单位：分

内容	完成优（高）	完成良（较高）	完成中（一般）	完成差（低）
队形难度	0～0.5	1～3	4～6	7～10
队形图案设计的艺术性、思想性	0～0.5	1～2	3～4	5～6
完成队形的质量	0～0.5	1～3	4～6	7～10

（五）对“其他”的评分

首先要确定“其他”的评分内容，以及各内容在“其他”中所占分值比例，然后再制定扣分细则。

对领操员，是以口令、口音、音量、动作示范、位置、服装、风度以及精神面貌等为主要评分内容。

对运动员，是以年龄、动作特点、整齐状况、艺术性等方面为主要评分内容。

对选用的音乐，是以与运动员的动作、节奏、风格等配合的情况为主要评分内容。

对精神面貌，是以运动员在参赛时的认真态度、动作力量以及纠正错误动作的快慢等为主要评分内容。

在具体评分中，可先将评比内容列成表格，以供评分时使用。在运动员表演结束时，应及时进行评分。

第三节　竞技体操等级规定动作的评分

一、体操等级竞赛特点

（一）项目内容

项目内容详见体操等级运动员规定动作图解。

（二）竞赛的办法与评分

基层的等级比赛，一般以团体赛评出团体、全能和单项的成绩和名次。成绩计算办法如下。

团体成绩：团体赛中，按竞赛规程规定，每队取各项前若干名的成绩之和为该队团体赛成绩。

个人全能成绩：团体赛中，个人各项成绩之和为该运动员个人全能成绩。

个人单项成绩：团体赛中，个人各单项的成绩便是该运动员个人各单项的比赛成绩。

（三）裁判组

基层二、三级运动员的体操比赛，男子各项裁判组一般由 1 名裁判长、4 名裁判员和 1 名记录员组成。女子各项裁判组一般由 1 名裁判长、4 ~6 名裁判员和 1 名记录员组成。

裁判组的数量可根据比赛的规模、场地、设备及编排要求等条件所决定。

（四）计分

评分采用减分制。运动员在一套动作的比赛中，最高得分为 10 分，裁判员根据运动员完成情况进行减分，扣分是从 0. 1 分起扣，可扣至 0. 5 分或整分。男子运动员的最后得分可从整数到小数点以后两位数（高级运动员的决赛除外），女子运动员的最后得分可从整数到小数点以后三位数。

二级运动员只比赛规定动作，故一套动作的分值为9.8分，其余0.2分作为熟练性的加分（可参见国际体操评分规则）。

二、裁判方法

（一）裁判员工作的位置

裁判员工作的位置应安排在比赛器械的四周，以便于从各个角度观察运动员的动作，但以不影响比赛为原则。记录员坐在裁判长旁。基层比赛中，根据场地情况，裁判长、记录员和裁判员可坐成一排。

（二）评分、示分与协商

比赛开始，由裁判长向运动员发出试做信号（示绿旗、绿灯或点名），运动员向裁判长举手示意后进行动作，裁判员开始评分。

当运动员一套动作完成后，裁判员应迅速评出该运动员的得分，裁判长根据各裁判员的评分，确定是否有效，如若有效，即作公开示分，裁判长示最后得分。如裁判员的评分超过了国际体操评分规则所规定的有效范围，则属无效分，应在裁判长的召集下及时协商调整或向标准基本分靠拢，使之达到有效差额之内，然后再公开示分。

三、编制比赛项目轮换表

体操比赛，男子按自、鞍、吊、跳、双、单，女子按跳、高、平、直的轮换顺序编制项目轮换表。三级体操的比赛，男子按自、双、跳、单，女子按跳、低单、平、自的顺序编制项目轮换表。

（一）二级以上规定动作比赛项目轮换

1. 大轮换

（1）男女同场大轮换。

选用条件：运动队多，裁判组、场地器械有保证。男、女自由体操、跳马项目的器械须各备一套。

（2）男女分场大轮换。

男女分场大轮换有两种安排，一是用同一场地，时间分开；二是场地分开，同时比赛。

选用条件：运动队多，裁判组有保证，场地器械受一定限制。

二级以上规定动作比赛项目大轮换，如表7－10所示。

表 7－10　　二级以上规定动作比赛项目大轮换

队（组）	自跳	鞍高	吊空	跳平	双自	单空
一	1	2	3	4	5	6
二	6	1	2	3	4	5
三	5	6	1	2	3	4
四	4	5	6	1	2	3
五	3	4	5	6	1	2
六	2	3	4	5	6	1

2. 小轮换

（1）男女同场小轮换。

选用条件：运动队不多，裁判组有限，场地器械有保证。

（2）男女分场小轮换。

选用条件：运动队不多，裁判组有限，场地和器械受一定限制。

二级以上规定动作比赛项目小轮换如表 7－11 所示。

表 7－11　　二级以上规定动作比赛项目小轮换

队（组）	上半时			下半时		
	自跳	鞍高	吊空	跳平	双自	单空
一	1	2	3	4	5	6
二	3	1	2	6	4	5
三	2	3	1	5	6	4

（二）三级体操比赛项目轮换

1. 大轮换

（1）男女同场大轮换。

选用条件：参赛队较多，能组成 4 组裁判组，场地、器械有保证。男、女自由体操、跳马项目的器械需各备一套。

（2）男女分场大轮换。

选用条件：参赛队较多，能组成4组裁判组，场地器械受一定限制。

男女分场比赛可同时使用两个场地，也可男女使用一个场地，分不同时间进行。

三级运动员比赛项目大轮换，如表7－12所示。

表7－12 三级体操比赛项目大轮换

队（组）	自	双	跳	单
	跳	低 单	平	自
一	1	2	3	4
二	4	1	2	3
三	3	4	1	2
四	2	3	4	1

2. 小轮换

（1）男女同场小轮换。

选用条件：参赛队较少，裁判组有限，场地器械能保证。

（2）男女分场小轮换。

选用条件：参赛队较少，裁判组有限，场地器械受一定限制。

三级运动员比赛项目小轮换，如表7－13所示。

表7－13 三级体操比赛项目小轮换

队（组）	上半时		下半时	
	自	双	跳	单
	跳	低 单	平	自
一	1	2	3	4
二	2	1	4	3

四、体操等级规定动作的评分

体操规定动作的评分依据：运动员所做动作应符合规定图解和动作说明；完成动作必须符合技术要求。

（1）运动员所做动作与规定动作图解和动作说明不相符时，则要酌情扣分。

①漏做动作：运动员漏做了规定动作中的某个或某些动作，对漏做的动作要扣去相应的分值，如果漏做的动作对完成前后动作有利，则要进行追加扣分。

②附加动作：运动员做了规定动作以外的动作，每出现附加动作均要扣分，如所做附加动作对完成前后动作有利，则要进行追加扣分。

③改变动作方向：女子规定动作通常可以全套反方向做，也可以在带有特定符号部分反方向做。若规定动作中规定了动作的特定部分或特定方向，而运动员以错误的方向进行时，则要按照规则予以扣分。

④帮助：三级体操规定动作的比赛，运动员在完成动作时，若教练员或同伴直接给予助力，则要扣去受助力动作的全部分值。对间接帮助应按现行国际体操评分规则进行扣分。

⑤重做：规定动作（包括跳马）原则上不能重做。如不是因运动员自己的过失，而是遇到某些特殊情况使动作中断或终止，须在裁判长的允许下重做。

在一套动作中（跳马除外），运动员可做未完成的动作，并可从应有的姿势开始，但要扣附加动作分，并对其完成动作的错误均要按规定扣分。

⑥动作中断：运动员因脱手或因身体着地使动作中断，可在规定时间内上器械继续完成动作。每次均应扣分，如运动员再上器械而又未完成动作或超过时间上器械，则只扣去未完成动作部分的分值，不扣掉下分。

⑦改变动作顺序：在完成成套规定动作中，若出现前后动作倒置，则对提前做的动作视为附加，后面应做而未做的，视为漏做。

（2）运动员在完成动作中，如出现姿势错误和技术上的缺陷时，均要酌情扣分。

上述内容的具体扣分可参照现行国际体操评分规划中的有关条文。赛前一般应由总裁判长或各组裁判长将与本次比赛中有关的条文摘录成文，印发给裁判员和教练员，以供训练和评分使用。

第八章 队列队形

本章着重介绍队列队形练习的内容、分类、动作要领及要求。其中队列队形的练习内容用图形列出，可使读者一目了然，同时对动作的要领进行了重点阐述，以便读者快速理解和掌握队列队形练习的要领。

第一节 队列队形练习的定义和作用

一、队列队形练习的定义

队姿训练是一项重要的基础动作训练。队形是指在特定阵型下的一致和一致的动作；阵型是团队配合行动所采用的一种阵形。队形是对体育教学中常用的一种队形结构和它们的变化进行总结，按《中国人民解放军队列条令》的有关规定和要求，并在体育教学中进行了相应的补充。队形训练通常是相互联系的，在特定的阵型下进行，而阵型则是基于阵型的内容，从而满足训练的基本需求。

二、队列队形练习的作用

在体育练习中，队形训练不仅是高校体育课程的基础内容，更是高校体育课程的一个主要内容。队形也是军事训练、民兵训练和集体操练的主要组成部分。

在进行队形训练时，可以训练学生的四肢协调能力，使他们的身体得到健康的发展，从而使他们的体态更加健康；具有良好的组织性，纪律性，集体意识，团结，紧张，严肃，活泼的工作态度。将队形训练应用到学校的体育教学中，有利于学生进行科学的运动锻炼，有利于学生的注意力的集中，有利于完成教学工作，有利于提高教学效果。

第二节 队列队形练习的基本术语

队列练习是按照一定的队形，做协调一致的动作。队形练习是在队列的基础上，做各种队形和图形的变化。两者往往是不可分割的。因此，队列术语与队形术语也是密不可分的。

（1）列：左右并列成一条直线叫作列。通常由右至左依次按高矮秩序排列。

（2）路：前后排列成一条直线叫作路。通常从前到后按高矮秩序排列。

（3）纵队：以“路”组成的单位为纵队。通常纵队的纵深大于宽度。

（4）横队：以“列”组成的单位为横队。通常横队的宽度大于纵深。

（5）间隔：邻近人的左、右的空隙称为间隔。通常是一只拳头（大约10厘米），队与队之间的间隔约两步。

（6）间距：在邻近物体和物体的前面和后面的间隔称为间距。通常是一只手臂（大约75厘米），队伍间大约有两步。

（7）排头：在纵队最前面或横队右翼者称为排头。

（8）排尾：在纵队最后面或横队左翼者称为排尾。

（9）参考：被规定为对齐靶的人称量参考。被指定做参考员的人（除了前排的人除外）应该举起双手。

（10）翼：在队伍的两侧，叫作翼。左端是左翼，右端是右翼。

（11）伍：两列及两列以上横队中，各列同数的队员组成为一“伍”。若各伍人数等于列数，则称“满伍”；若不等，最后不足人数的伍称“缺伍”。

（12）步幅：一段（两个脚跟之间的间距）称为步长。

（13）步速：一分钟内所走过的步数叫步速。

（14）步：步伐和长度的统称为步。

（15）口令：在队列队形练习中，指挥者所发出的操练指令叫口令。

第三节 队列队形练习的内容

按照《中国人民解放军队列条令》的要求，并结合我国院校体育教学的实际情况，通常采用下列方法进行队列训练。

一、队列训练内容

（1）个人操作。个人操作包括立正、停顿、原地转（左转、右转）、行进

（齐步、正步、跑步）等。

（2）小组行动。小组行动包括集合，解散，看齐、报号、队列变换等。

二、队列训练的要点

（1）保持阵型不动。阵型分为横队、纵队、方队、弧形、梯形、圆形、三角形等。

（2）列队前进。列队前进有横队、纵队、方队和其他的阵型。

一支队伍的行进训练包括绕场行进、对角线行进、蛇形行进、圆形行进、螺旋行进等形式。

二个纵队的训练有分列、交叉等形式。

第四节 队列队形练习的动作要领

一、原地队列练习

（一）原地队列动作

1. 立正

口令：立正！

要领：两脚跟靠拢并齐，两脚尖向外分开约60°，两腿挺直，小腹微收，自然挺胸，上体正直，微向前倾；两肩要平，稍向后张；两臂自然下垂，手指并拢自然微屈，拇指尖贴于食指第二节，中指贴于裤缝；头要正、颈要直、口要闭、下颌微收，两眼向前平视。

2. 稍息

口令：稍息！

要领：左脚顺脚尖方向伸出约全脚的2/3，两腿自然伸直，上体保持立正姿势，身体重心大部分落于右脚（稍息过久，可自行换脚：先收回左脚，再出右脚）。在学校体育课中，常用两脚左右开立的稍息方式。

3. 看齐

口令：向右（左）看——齐！

要领：基准学生不动，其他学生向右（左）转头，眼睛看右（左）邻学生腮部。后列人员，先向前对正，后向右（左）看齐。看齐时，要以碎步调整，至对正、看齐后不动。学生左右间隔为10厘米，前后距离为75厘米左右。

4. 报数

口令：报数！

要领：横队从右至左（纵队由前向后）依次以短促洪亮的声音转头（纵队向左转头）报数，最后一名不转头。数列横队时，后列最后一名报“满伍”或“缺×名”。

指挥员如对报数有特殊要求时，应事先说明。如“1 至 3 报数”“3、5 报数”等，学生即按要求及上述要领实施。

5. 集合

（1）横队集合。

口令：成×列横队——集合！

要领：指挥员应先发出“全体注意”的预告或信号，然后站在预定队形的中央前成立正姿势，下达“成×列横队——集合”的口令。学生听到预告或信号，原地面向指挥员成立正姿势；听到口令，迅速跑向集合地点（在指挥员后侧的学生，应从指挥员后侧绕过），基准学生站在指挥员左前方适当位置成正立姿势，其他同学按顺序依次向左排列，站成要求队形，自行对正看齐（见图 8－1）。

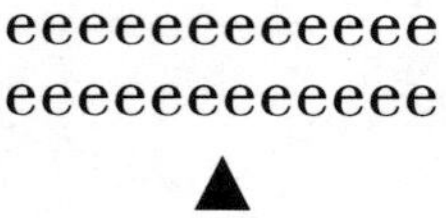

图 8－1　横队集合

（2）纵队集合。

口令：成×路纵队——集合！

要领：同横队集合方法，为基准学生要站在指挥员前方（多路纵队时在右前方）适当位置，成立正姿势；其他学生依次向后排列，自行对正看齐（见图 8－2）。

图 8－2　纵队集合

6. 解散

口令：解散!

要领：听到口令后，迅速离开原队列位置。

（二）原地转法

1. 向右（左）转

口令：向右（左）——转!

要领：以右（左）脚跟为轴，右（左）脚跟和左（右）脚掌前部同时用力，使身体和脚一致向右（左）转 90°，身体重心落在右（左）脚，左（右）脚取捷径迅速靠拢右（左）脚，成立正姿势。转动和靠脚时两腿挺直，上体保持立正姿势。

2. 向后转

口令：向后——转!

要领：按向右转的要领，向后转 180°。

3. 半面向右（左）转

口令：半面向右（左）——转!

要领：按向右（左）转的要领转 45°。

（三）原地队列变换

1. 一列横队变二列横队及还原

口令：成二列横队——走!

要领：变换前先报数，听到口令后，双数位置学生左脚向后退一步，右脚向右跨一步，左脚右脚靠拢，站到单数位置学生身后，自行对正，看齐。

在学校体育课教学中，一列变二列常用两拍完成，其口令和动作要领如下。

口令：成二列横队——走!

要领：听到口令后，双数位置的学生右脚向右后方退一步，左脚向右脚靠拢，站到单数位置的学生后面，自行对正，看齐。

还原口令：成一列横队——走!

要领：听到口令后，双数（后列）位置的学生左脚向左跨一步，右脚向前上一步，左脚向右脚靠拢，站到单数位置的学生左侧，自行看齐。

在学校体育课教学中，还原动作常用两拍完成，其口令和动作要领如下。

口令：成一列横队——走!

要领：听到口令后，双数（后列）位置的学生左脚向左前方跨一步，右脚向左脚靠拢，站在单数位置的学生左侧，自行看齐。

2. 一路纵队变二路纵队及还原

口令：成二路纵队——走！

要领：变换前先报数，听到口令，双数位置的学生右脚右跨一步，左脚向前一步，右脚向左脚靠拢，站到单数位置的学生右侧，自行对正、看齐。

在学校体育课教学中，一路变二路常用两拍完成，其口令和动作要领如下。

口令：成二路纵队——走！

要领：听到口令后，双数位置的学生右脚向右前方跨一步，左脚向右脚并拢，站到单数位置的学生右侧，自行对正，看齐。

还原口令：成一路纵队——走！

要领：听到口令后，双数位置的学生右脚后退，左脚向左跨一步，右脚向左脚靠拢，站到单数位置的学生之后，自行对正。

在学校体育教学中，二路变一路常用两拍完成，其口令和动作要领如下。

口令：成一路纵队——走！

要领：听到口令后，双数位置的学生左脚向左后方跨一步，右脚向左脚靠拢，站到单数位置的学生之后，自行对正。

3. 一列横队变三列横队及还原

口令：成三列横队——走！

要领：变换前，先下达“1 至 3 报数”口令；听到口令后，2 数学生不动，1 数学生左脚向左前方上一大步，右脚向左脚靠拢，站到 2 数学生前面；同时 3 数学生右脚向右后方退一大步，左脚向右脚靠拢，站到 2 数学生后面。自行对正、看齐（见图 8 – 3（a））。

（a）　　（b）

图 8 – 3　一列横队变三列横队及还原

还原口令：成一列横队——走！

要领：听到口令后，2 数学生不动；1 数学生右脚向右后方退一大步，左脚向右脚靠拢，站到 2 数学生右侧；3 数学生左脚向左前方上一大步，右脚向左脚靠拢，站到 1 数学生左侧，自动看齐（见图 8 – 3（b））。

4. 二列横队变三列横队及还原

口令：成三列横队——走!

要领：变换前，先进行“1 至 3 报数”，然后第一列向前 1 步，取好距离。听到口令，1、3 数学生不动，前列 2 数学生右脚向右后方退一大步，左脚向右脚靠拢，站到两列 1 数之间；后列 2 数学生，左脚向左前方上一步，右脚向左脚靠拢，站到两列 3 数之间，自行对正、看齐（见图 8－4（a））。

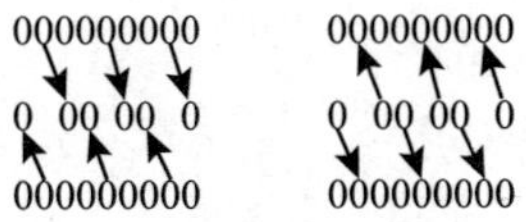

（a）　　　（b）

图 8－4　二列横队变三列横队及还原

还原口令：成二列横队——走!

要领：听到口令，1、3 列学生不动。第 2 列单数学生，左脚向左前方上一大步，右脚向左脚靠拢，站到前列学生左侧；双数学生，右脚向右后方退一大步，左脚向右脚靠拢，站到后列学生右侧，自行看齐（见图 8－4（b））。

5. 一列横队变二路纵队及还原

口令：向右成二路纵队——走!

要领：变换前先报数。听到口令，全体学生向右转，接着单数位置学生不动，双数位置学生按一路纵队变二路纵队的两拍法要领实施。

还原口令：向左成一列横队——走!

要领：听到口令后，全体向左转，接着单数（前列）位置学生不动，双数（后列）位置学生按二列横队变一列横队的两拍法要领实施。

二、行进间队列动作

（一）各种步法及其互换和立定

1. 齐步走

口令：齐步——走!

要领：左脚向正前方迈出约 75 厘米着地，身体重心前移，右脚照此法动作；上体正直，微向前倾，手指轻轻握拢，拇指贴于食指第二节，两臂前后自然摆动，向前摆臂时，肘部弯曲，前臂自然向里合，手心向内稍向下，拇指根部对正衣扣线，并与最下方衣扣同高，离身体约 25 厘米；向后摆臂时，手臂自然伸直，手腕前侧距裤缝线约 30 厘米。行进速度 116～122 步/分钟。

2. 正步走

口令：正步——走！

要领：左脚向正前方踢出（腿要绷直，脚尖下压，脚掌与地面平行，离地面约25厘米）约75厘米，适当用力使全脚掌着地，同时身体重心前移，右脚照此法动作；上体正直，微向前倾；手指轻轻握拢，拇指贴于食指第二节；向前摆臂时，肘部弯曲，小臂略呈水平，手心向内稍向下，手腕下沿摆到高于最下方衣扣约10厘米处，离身体约10厘米；向后摆臂时，手腕前侧距裤缝线约30厘米。行进速度110～116步/分钟。

3. 跑步走

口令：跑步——走！

要领：听到预令，两手迅速握拳（四指蜷握，拇指贴在食指第一关节和中指第二节上），提到腰际，约与腰带同高，拳心向内，肘部稍向里合。听到动令，上体微向前倾，两腿微弯，同时左脚利用右脚掌的蹬力跃出约85厘米，前脚掌先着地，身体重心前移，右脚照此法动作；两臂自然前后摆动，向前摆臂时，大臂略直，肘部贴于腰际，小臂略平，稍向里合，两拳内侧各距衣扣线约5厘米，向后摆臂时，拳贴于腰际。行进速度170～180步/分钟。

4. 踏步

停止间口令：踏步——走！

行进间口令：踏步。

要领：两脚在原地上下起落（抬起时，脚尖自然下垂，离地面约15厘米；落下时，前脚掌先着地），上体保持正直，两臂按齐步或跑步摆臂的要领摆动。踏步时，听到“前进”的口令，继续踏2步，再换齐步或跑步行进。

向前或后退口令：向前×步——走！或后退×步——走！

要领：向前移步时，应按单数步要领进行（双数步变为单数走）。向前一步时，用正步，不摆臂；向前三五步时，按照齐步走的要领进行。向后退时，从左脚开始，每退一步，靠脚一次，不摆臂，退到指定步数停止。

5. 立定

口令：立——定！

要领：齐步和正步时，听到口令，左脚再向前大半步着地，两腿挺直，右脚取捷径迅速靠拢左脚，成立正姿势。跑步时，听到口令跑两步，然后左脚向前大半步（两拳收于腰际，停止摆动）着地，右脚靠拢左脚，同时将手放下，成立正姿势。踏步时，听到口令，左脚踏1步，右脚靠拢左脚，同时将手放下，成立正姿势（跑步的踏步时，听到口令，继续踏2步，再按上述要领进行）。

（二）行进间转法

1. 齐步、跑步向右（左）转

口令：向右（左）转——走！

要领：动令落在右（左）脚。听到口令，左（右）脚向前半步（跑步时，继续跑 2 步，再向前半步），脚尖向右约 45°，身体向右（左）转 90°，左（右）脚不转动，同时出右（左）脚按原步法向新方向行进。

2. 齐步、跑步向后转

口令：向后转——走！

要领：动令落在右脚。听到口令，左脚向右脚前迈出约半步（跑步时，继续跑 2 步，再向前半步），脚尖向右约 45°，以两脚的前脚掌为轴，向后转 180°，出左脚按原步法向新方向行进。转体时，保持行进时的节奏，两臂自然摆动，不得外张；两腿自然挺直，上体保持正直。

三、队形练习

（一）图形行进

1. 直线行进

（1）绕场行进。

口令：绕场行进——走！

要领：排头位置的同学带领沿场地边线行进，每到一角，自行变换 90°方向。（见图 8-5）。

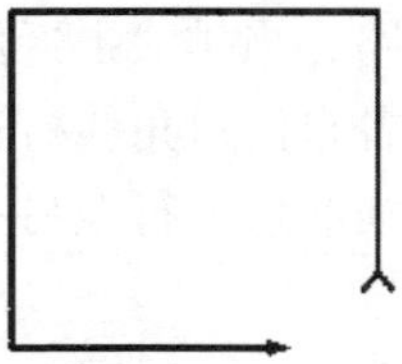

图 8-5 绕场行进

（2）错肩行进。

口令：从左（右）边——走！；一路隔一路，从左（右）边——走！

要领：两个一路纵队迎面相遇时，下口令“从左（右）边走”，听到口令，各路均从左（右）边行进，彼此互错右（左）后，间隔为 1 步。多路纵队迎面相遇时，下口令“一路隔一路，从左（右）边走”，听到口令，各路错开，从左

（右）边行进（见图 8 –6）。

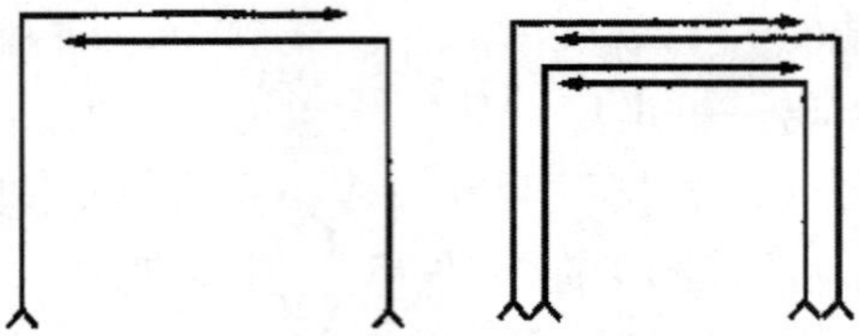

图 8 –6 错肩行进

2. 斜线行进

（1）对角线行进。

口令：对角线行进——走！

要领：当排头走近场地一角时发出口令。听到口令，排头自行转弯面向相对一角行进，其余学生跟进（见图 8 –7）。

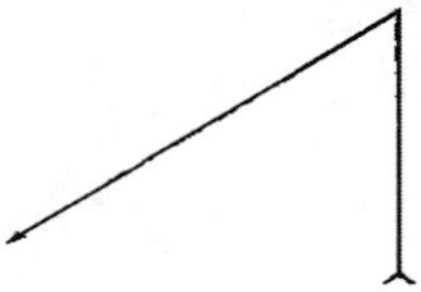

图 8 –7 对角线行进

（2）交叉行进。

口令：交叉行进——走！

要领：沿左右边线行进的两路，当排头走近场角时发出口令；听到口令，两路排头向内转弯面向相对一角，各自沿对角线行进，其余学生跟进；当行至中点相交时，基准学生在先，依次穿插而过。行至另一场角，听口令行进或停止（见图 8 –8）。

图 8 –8 交叉行进

（3）三角形行进。

口令：呈三角形——走！

要领：一路纵队绕场行进，当排头走近一场角时，下达口令；听到口令，排头带领向另一边线中点（或标记）行进；到达该中点后，再转向另一个角（或标记）行进，形成三角图形（见图 8－9）。

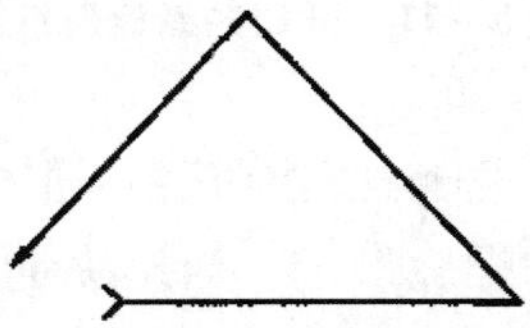

图 8－9　三角形行进

3. 曲线行进

（1）蛇形行进。

口令：成蛇形——走！

要领：一路纵队行进，听到口令，由排头带领左后转弯走一段后，再右后转弯走，如此循环重复，直至听到变换口令为止（见图 8－10）。

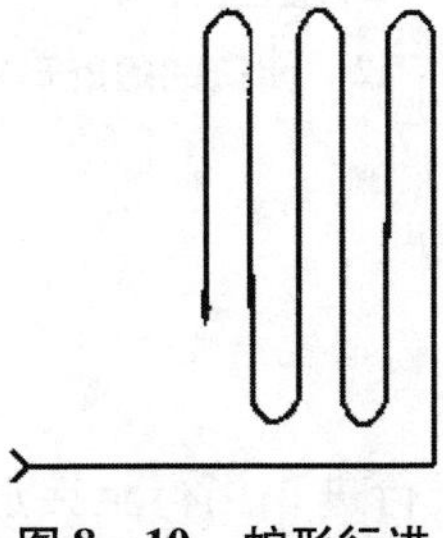

图 8－10　蛇形行进

（2）螺旋形行进。

开口的螺旋形行进口令：成开口螺旋形——走！

要领：一路纵队行进，听到口令，排头带领向左弧形行进，当接近成圆形时，即向内螺旋而进，至圆心后，排头自行右后转弯，沿队伍中间空隙相反方向走出来（见图 8－11）。

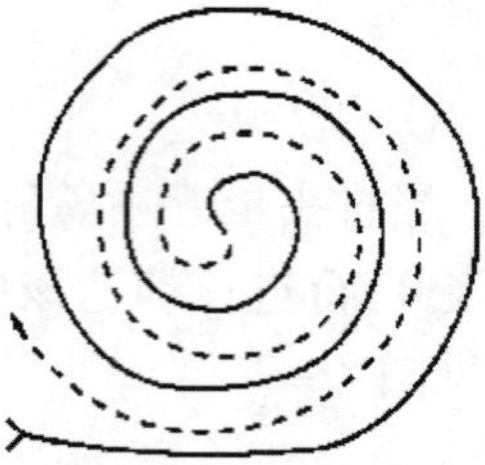

图 8－11　开口的螺旋形行进

闭口的螺旋形行进口令：成闭口螺旋形——走！

要领：开始动作同开口的螺旋形走，当排头走至圆心后，听口令："立——定""向后——转""齐步（或跑步）——走！"学生即按口令动作，由排尾为排头走出来（见图 8－12）。

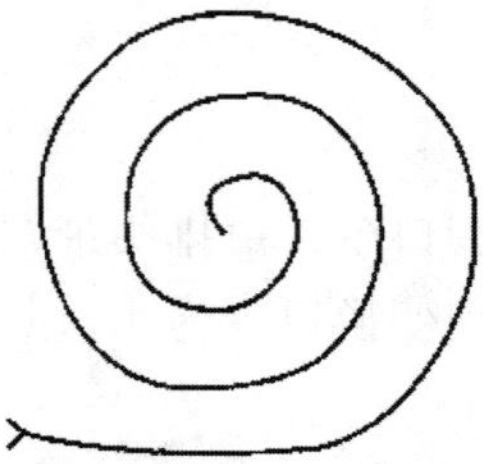

图 8－12　闭口的螺旋形行进

（二）队形变换

1. 分、合、裂、并队走练习

（1）分队走。

口令：分队——走！

要领：一路纵队沿场地中线行进，当行至接近场地边线中点时下达口令。听到口令，单数学生左转弯走，双数学生右转弯走，分成两个一路纵队沿左右边线行进（见图 8－13）。

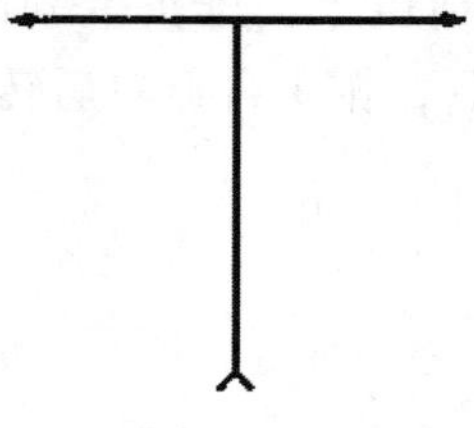

图 8－13　分队走

（2）合队走。

口令：合队——走！

要领：两队在某边线中点相遇，听到口令，左路左转弯走，右路右转弯走，并依次插进，合成一队行进（见图8－14）。

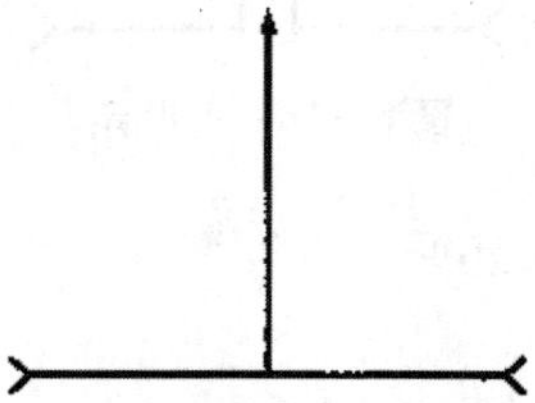

图8－14 合队走

（3）裂队走。

口令：裂队——走！

要领：二路纵队沿场地中线行进，接近边线中点时下达口令；听到口令，左路左转弯走，右路右转弯走，裂开为2个一路纵队左右绕场行进（见图8－15）。

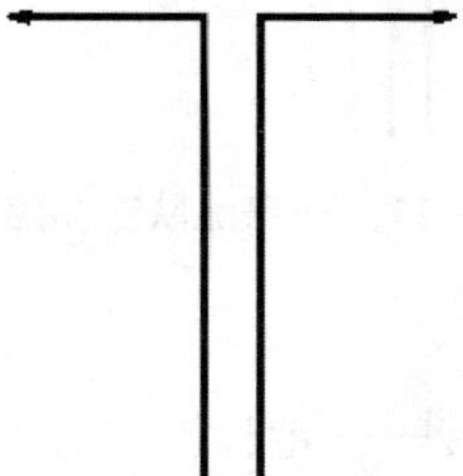

图8－15 裂队走

（4）并队走。

口令：并队——走！

要领：两队在某边线中点相遇，听到口令，左路左转弯走，右路右转弯走，并成1个二路纵队行进（见图8－16）。

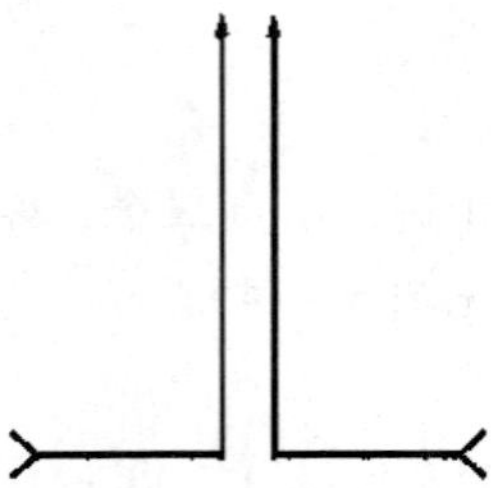

图 8－16　并队走

2. 一路纵队变多路纵队及还原

（1）一路纵队变多路纵队。

口令：成×路纵队，向左转——走！

要领：一路纵队行进，听到口令，根据要求的纵队数，前×名学生，同时向左转走，后面跟进的学生，依次行进至同一地点，按规定路数，同时向左转走（见图 8－17）。

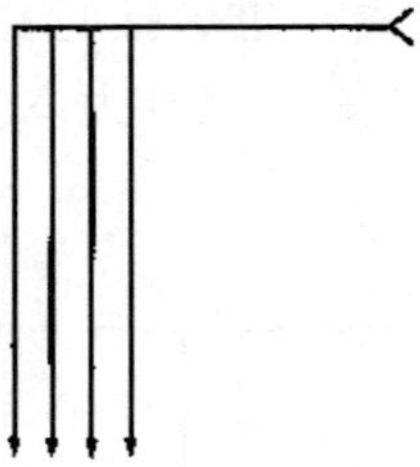

图 8－17　一路纵队变多路纵队

（2）多路纵队变一路纵队。

口令：成一路纵队，向左转——走！

要领：听到口令，各路排头学生同时向左转走，后面的学生依次行进至同一地点，也向左转走（见图 8－18）。

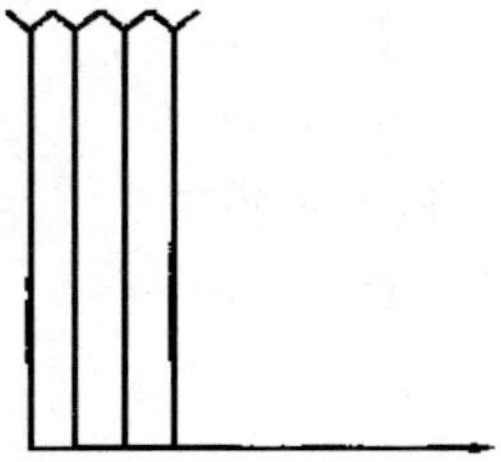

图 8－18　多路纵队变一路纵队

3. 规定间隔、距离的散开与靠拢

以左右间隔两臂，前后距离两步的散开与靠拢为例。散开口令：以×××为基准，间隔两臂，距离两步（或移步）——散开！

要领：基准学生不动，其余学生（用跑步或移步）散开，自行对正、看齐、成立正姿势。

靠拢时口令：以×××为基准，向中（左、右）看——齐！

要领：学生按口令要求迅速看齐，以“向前——看”口令结束。

四、教法与要求

（一）教学重点

队列动作是队列队形练习的重点，个人动作又是集体练习的基础。在进行队列队形教学时，应突出教学的重点，把常用的队列动作、行进的各种步法，以及原地与行进间的转法列为主要内容，严格要求，反复练习。例如，“立正”“稍息”的整体要求，行进步法中的步幅、步速以及摆臂要求等，均应严格按照中国人民解放军队列条令执行，达到动作规范的要求。

（二）口令及其下达

口令是队列队形练习时，指挥员下达的口头命令，应做到清晰、准确、悦耳。口令的种类根据口令下达的方法不同，可分为短促、连续、断续和复合口令4种。

1. 短促口令

短促口令只有动令，发音短促有力，不论几个字，中间不拖音，不停顿，通常按音节（字数）平均分配时间。有时最后一个字稍长，如“立正”“稍息”“报数”等。

2. 连续口令

连续口令的特点是分为预令拖音和动令两部分。但预令拖音与动令相连。预令拖音的长短，通常是根据人数多少而定，动令短促有力。如“向右看——齐！”“向后——转！”“齐步——走！”等。在行进间，预令与动令之间的拖音（微歇）应符合行进节奏，如“立——定！”“向右转——走！”

3. 断续口令

断续口令的特点是预令和动令之间有稍停，如“第×名，出列”。

4. 复合口令

复合口令兼有断续和连续口令的特点，如“以××为准，向中看——齐！”

（三）下达口令的基本要领

1. 正确的读音位置

发出命令时使用的是胸腔或腹腔，通常使用的是胸腔（隔声），而腹部（也就是腹部的“丹田”）则是指发出带有拖音的命令。

2. 保持步调

命令、停顿都有一定的节律，不紧不慢，让队员们都能听到。

3. 注意音色和音色的强弱

除了音量控制要做到可对队伍中所有队员贯穿，同时也要留意不同的音阶和强度，通常都是从低音到高音，比如“向右看——齐!”

4. 重点强调

对关键词，发音要清晰，声音要大，比如：“向左”要强调“左”，“往前×步——走”要突出数字。

（四）在课堂中运用恰当的教学手段

1. 教案

排阵练习的一种方法，一般是指明练习的名称、口令和指令的方法，并作示范，讲解和指挥学生练习。

2. 演示和解释

动作要清晰，熟练，准确。通常都是先进行全面的演示，然后是具体的演示。对于一些复杂或者困难的运动，可以采用慢速示范、讲解示范、重复示范等方法。

说明要与实例相结合，使用简洁、重点突出的语言。在一些训练中，要特别注重讲解的时间，比如“错肩行进”，当队伍开始向两个队伍靠拢的时候，就应该停下解释。“对角线”行走时，当队伍的前部到达现场某个角落时，应当停下解释。有的作业可以由老师在前排引导，例如：“蛇形”“螺旋形”“8”字形等。在画完一个图形后，再停下解释，这样更容易让同学们理解。

3. 练习和改正

在训练中，可以将一些简单的运动全部进行，对于一些比较难的运动，可以首先进行拆解训练，然后进行全面的训练，比如不同的旋转，可以分为两个运动来进行。刚开始练习行走时，可以在原地练习，比如：直立行走、摆臂位置练习（缓慢或标准速度）、摆臂练习、腿部运动、手臂分解练习、整体运动练习。练习中出现的不正确行为要立即改正，大部分时候采取群体矫正。组合训练和整体训练可以同时进行，有时候还可以通过小组矫正或者个体矫正来适应不同的环境。

（五）选择适当的指挥所

在教学中，教师的指导位置应当尽量选在所有或大多数学生能够看得清楚和方便的位置。

1. 就地排位练习

纵队时，应将阵型前方中心的等腰三角放置；列阵时，要在前部和后部成一个小三角形。

2. 行进队列训练

排成一排，排在左边前面或排在队伍左边的中央。

3. 复合阵型转换

在进行更多的阵型转换时，一般都是在阵型的前面或即将汇入的地方，如果是并行的话，应该在第一个阵型即将转到新的方向上。

4. 改变队列的方位

当队列转向时，教师要在发出指令前移动到另一个地方。如向左、向右。

（六）对土地的合理使用

在特定的场地上进行队形训练。场地的面积取决于参加的人的数量。正常情况下，一个教室的占地面积应该是一个篮球场地那么大。在运动场上作一些标志，可以进行图形运动和阵型转换。

（七）对参与者的严格要求

严格遵守口令、服从指挥、严格纪律是搞好队伍训练、搞好课堂教学工作的保障。所以，教师要对参与学习的学生进行严格的教育，激发他们的主动积极性，认真、规范地完成每个作业。应该强调，身为教师要做好学员的榜样，就应该精神饱满，态度认真，切实注意仪表，才能圆满、高质量地进行排位训练。

第九章　徒 手 体 操

本章主要介绍徒手体操的特点、作用、术语、内容、创编原则与方法等。其目的是使练习者通过徒手体操练习，增强体质、增进健康、促进身体全面发展，提高身体的工作能力。

第一节　徒手体操的特点和作用

一、徒手体操的特点

徒手体操是在节拍的指挥下，徒手做交替对称的成套或多节练习。其特点是内容丰富、有简有繁、组合变化多样；可单人做、集体做；可定位做，也可行进中做；且不受场地器材的限制，故能适合不同年龄、性别和健康状况的人进行锻炼。

二、徒手体操的作用

徒手体操在推动和发展我国群众性体育活动中占有重要的地位。在学校是各级各类体育教学的重要内容，并被广泛应用于课间操和课外活动中。经常练习徒手体操，能改善练习者的中枢神经系统的机能，增强肌肉的力量和速度，提高身体的协调性和灵活性，培养身体的正确姿势和节奏感。

徒手体操用途广泛，可编制成广播体操、课间操等用于常规的保健；可编制成生产操，用于增进工人健康、防治职业病；可编制专门的身体练习和准备活动，用于辅助各项运动、发展身体能力；可编成体育课的基本教材，用于培养儿童少年的正确姿势和基本能力。在团体操表演和男子自由体操比赛中，徒手体操也是基本内容之一。此外，20 世纪 80 年代初所发展的健美操，是在徒手体操的基本内容和结构基础上，吸收了现代流行的舞蹈动作产生的，使其动作的部位和组合更具有灵活、多变的特点，是一种易于提高兴趣的保健性体操。

第二节 徒手体操术语及其结构

一、徒手体操术语

（一）基本姿势术语

（1）立：人体站立的姿势。

①直立：直立与立正基本相同，但五指并拢伸直。

②并立：并立与直立相同，但两脚并拢。

③开立：开立与直立相同，但两脚左右分开同肩宽。

④点地立：点地立与直立相同，但一脚前或侧或后出，脚尖点地，重心落在另一腿上站立。

⑤单脚立：单脚立与直立相同，重心落在一腿上，单脚站立。

⑥起踵立：起踵立与并立相同，但两脚跟提起站立。

（2）蹲：屈膝站立的姿势。一般两腿并拢，全脚掌着地，其他的蹲应指明。蹲有全蹲和半蹲。

①全蹲：大、小腿夹角小于45°的称全蹲。

②半蹲：大、小腿夹角约为90°的称半蹲。

（3）跪：两腿并拢屈膝，膝与小腿前着地，上体与地面成垂直的姿势。其他的跪应指明。

（4）撑：上肢和（或）身体某部位支撑在地面上的姿势。如俯撑、仰撑、侧撑、蹲撑、分腿屈体立撑等。

（5）坐：以臀部和（或）大腿着地，上体与地面呈垂直的姿势。如并腿坐、分腿坐等。

（6）卧：身体躺在地面上的姿势，有俯卧、仰卧、侧卧等。

（7）倾：身体与地面既不垂直又不失去平衡的姿势。

（8）弓步：两脚分开约一大步，一腿屈膝约90°，另一腿伸直，全脚掌着地，上体与地面呈垂直的姿势。如前弓步、侧弓步等。

（9）平衡：用脚、手和脚或身体某一部位支撑地面，身体保持一定时间的静止姿势。如俯平衡、侧平衡、仰平衡、跪撑平衡等。

（10）劈腿：两腿分开成直线着地的姿势。如纵劈腿、横劈腿、半劈腿等。

（11）桥：身体背向地面，上肢与下肢支撑成弓步形的姿势。如分腿桥、跪桥、前臂桥等。

（二）基本动作术语

（1）举：四肢移动范围在180°内，并稍停止在某一方位上的动作，如前举、上举、后举等。

（2）屈：弯曲和缩小身体或身体某一关节角度的动作，如体前屈、体侧屈、臂胸前平屈等。

（3）伸：扩展和伸直身体或身体某一关节角度的动作，如伸臂、伸腿等。

（4）摆：臂或腿向某方向做匀速挥动的动作，如左脚向前一步，右腿前摆同时转体180°成直立。

（5）摆动：往返“摆”的动作，如两臂前后自然摆动。

（6）振：臂或上体做加速而富有弹性摆的动作，如两臂经前至胸前平屈后振。

（7）踢腿：腿用力做加速摆的动作，如前、后、侧踢腿等。

（8）绕：身体或身体某一部位做大于180°、小于360°的弧形摆的动作，如两臂后绕至前举。

（9）绕环：身体或身体某一部位做360°或大于360°的圆形摆的动作，如两臂向前绕环一周半至上举。

（10）波浪：身体或身体某一部分邻近的关节按顺序做柔和屈伸的动作，如两臂波浪、全身波浪等。

（11）转：绕人体纵轴转动的动作，如向左、右、后转等。

（12）压：四肢或上体做向下加力压的动作，如压肩、压髋、压腿等。

（13）倒：身体伸直向某方向倒下的动作，如前倒、俯撑。

（14）跳：脚蹬地使身体腾空的动作，如挺身跳、分腿跳等。

（15）出：一脚向某方向迈出一步或半步的动作，如左脚侧出成开立。

二、徒手体操术语的结构

徒手体操术语一般由开始姿势、动作部位、动作方向、动作形态、动作做法和结束姿势等6个部分构成，如表9－1所示。

表9－1　徒手体操术语的结构

动作术语	动作结构与排列					
	开始姿势	动作部位	动作方向	动作形态	动作做法	结束姿势
两臂上举	直立	两臂	向上	直臂	举	上举
跳成开立	开立	两脚	向上	直体	跳	成开立

第三节　徒手体操的内容

一、单人动作

1. 头部动作

（1）屈：前屈、侧屈、后屈。

（2）转：左转、右转。

（3）绕环：向左绕环、向右绕环。

2. 上肢动作

（1）举：臂前平举、臂上举、臂侧平举、臂后举；臂前上举、臂前下举、臂侧下举、臂侧前举；臂前斜上举、臂前斜下举等。

（2）振：臂上举后振、臂侧平举后振、臂后举振、臂胸前平屈后振。

（3）屈：臂胸前平屈、臂肩侧屈、两手叉腰、臂上屈抱头、两臂腰后屈、握拳两臂腰侧屈。

（4）伸：臂前伸、臂上伸、臂侧伸。

（5）绕和绕环：臂上举和下垂姿势开始，做向前、向后、向内、向外、向左、向右的绕和绕环；臂侧平举姿势开始，做向内、向下的绕和绕环；臂前举姿势开始，做向上、向下的绕和绕环；还有由某部位开始经另一平面的某部位做绕和绕环。

3. 躯干动作

（1）屈：上体前屈、侧屈、后屈。

（2）转：上体向左转、向右转。

（3）振：上体前屈振、侧屈振、后屈振。

（4）绕环：上体向左绕环、向右绕环。

（5）倾：上体向前、向左、向右、向后倾。

4. 下肢动作

（1）举：左（右）腿前举、侧举、后举。

（2）踢：左（右）腿前踢、侧踢、后踢。

（3）屈：左（右）腿前屈、侧屈、后屈。

（4）伸：左（右）腿前伸、侧伸、后伸。

（5）绕环：左（右）腿向前绕环、向后绕环、向左绕环、向右绕环。

（6）弓步：左（右）腿前弓步、侧弓步、后弓步、前斜弓步。

（7）蹲：全蹲、半蹲、蹲撑。

（8）跳：单脚跳、双脚跳等。

5. 其他动作

其他动作有立、撑、跪、坐、卧，各类可相互组成一节动作，但多为上、下肢和躯干动作的辅助姿势。

（1）立：直立、开立（左右和前后）、点地立等。

（2）撑：俯撑、侧撑、仰撑。

（3）跪：跪立、跪坐、跪撑。

（4）坐：并腿坐、分腿坐、屈腿坐、坐撑。

（5）卧：俯卧、侧卧、仰卧。

二、双人动作

双人动作是在单人动作基础上，利用二人相互配合做动作的方式，提高练习要求和兴趣。运动的部位如同单人动作，根据二人相互用力的方法可分为三种类型的动作。

1. 助力性动作

助力性动作即一人帮助另一人做动作。如帮助拉肩（见图 9－1）、扳腿（见图 9－2）。

图 9－1　帮助拉肩

图 9－2　扳腿

2. 对抗性动作

对抗性动作即二人相互对抗用力。如二人面对站立，两臂轮流互推。

3. 协同性动作

协同性动作即二人同时配合用力做动作。如二人面对左右并立，两手互扶肩，体前屈相互压肩（见图9－3）。二人并立，外侧臂上举互握手，内侧臂下垂互握手，同时向外侧做弓步体侧运动（见图9－4）。

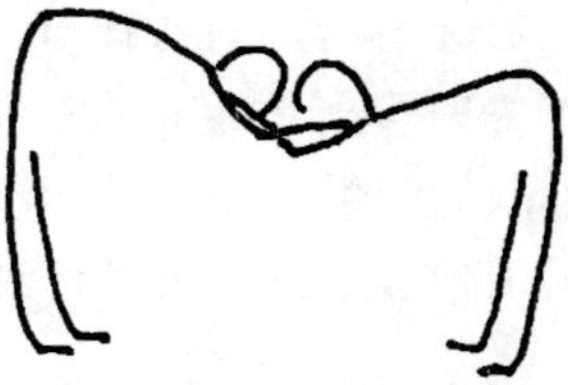

图9－3 协同性动作（1）

图9－4 协同性动作（2）

做双人动作时，二人的相互位置，根据动作的做法有二人面对、二人背对、二人侧对和二人同向重叠站立等。

第四节 徒手体操创编原则与方法

一、徒手体操创编的原则

为适应不同人群身体锻炼的需要，在选择和创编徒手体操时要有一定的原则。不管是编排一项动作或整套动作，都应遵循以下原则。

（一）目标清晰

在编排一套完整的动作时，应该先按照训练的目标和要求来确定其内容。比如制作保健式的广播体操，所选用的运动要容易掌握、有运动的意义，适合不同年龄、不同性别、不同健康程度的人群进行。在体育教学中，要根据教学要求，合理安排学生的肢体运动。在编写专项体能练习时，选用的运动更多的是要注意运动的强弱以及对那些肌肉和关节有什么作用。

（二）突出目标

编排动作要根据练习者的年龄、性别和训练水平而定，也要根据具体的场地、气候等条件的选取。例如，为老人和身体素质较差的人群准备运动时，要选用简单易做、速度稍慢的运动。在编写少儿体操项目时，要选用活泼、模仿的形式。在编排年轻人的体操时，要选用一些刚劲有力、富有活力、速度稍快、节奏清晰的动作。在编排女性健美操时，要适度选择一些协调、优美、柔和的动作。再如，要根据不同的对象，不同的气候，不同的活动等设计不同的动作，而且同样是生产运动，也要按不同的工种和条件进行动作选择。

（三）要做到科学

1. 注重全方位的运动

整体动作设计的要求是要对整个身体产生作用，包括上肢、下肢、躯干和整个身体。就体能而言，应包括速度、力量、柔韧、协调、灵活等方面的要素；就运动的方位而言，应包括向前、向后、向左、向右的运动，从而使身体得到充分的锻炼。

2. 适当地进行体育锻炼

整个动作的数量要遵循身体运动规则，要从整体上安排动作，从缓慢到快速，通常前三节是肢体部分的动作，中三节是身体部分的动作，后三节是全身、跳跃和整理动作。若为课程预备练习，可将排练动作略去，作为最后的练习。

3. 完整的操作顺序要有条理

完整的操作顺序要有条理，大体顺序是：第 1 节上肢伸展、第 2 节扩胸操、第 3 节下肢操、第 4 节体侧弯操、第 5 节为旋转动作、第 6 节为腹部或上体绕环、第 7 节为全身动作、第 8 节为跳跃动作。

（四）创新精神

基础体操项目内容非常多，编写一整套的动作既要根据具体条件来进行，又要有创意编排，以免单调乏味。可以采取改变动作的方向、幅度和速度。通过路线、配合等方法，创出朴实大方、具有锻炼实效的动作，从而增强锻炼的积极性和成效。

二、徒手操的排练

（一）整套运动的组织方式

按照编排原理，在明确现实条件的基础上，整套运动的组织上先决定组合的节数、特点和重复次数，再按照节拍顺序选择每个节段。计算节拍时，不仅要根据运动的强度，还要根据所包含的身体部分来决定，通常节拍应该是 7～8 节。整个运动的特征是依据运动要求，并强调某些特征，比如：基础体式的训练，基础的体式较多；对于没有活动部分的练习者来说，这个部分可以做更多的动作。在确定每个阶段的反复次数时，应根据目标和现实情况以及运动的强度来确定。

（二）单节练习的组织方式

下面 7 种编排动作的编排方式，各有各方式的组合，但有些则仅使用其中一种或两种特定的方式。

（1）肢体的协调：在强调主体的情况下，进行肢体的协调。比如，上肢的运动应该是以上肢或下肢作为主要的配合部位，相互配合的时候不要动作过大，往往采取一些比较有利的姿态。

（2）多种动作的结合：一节的动作可以采取多种形式的练习，例如，可以是踢或按等的肢体动作，也可以是多种动作的结合，例如：先按后踢或屈伸。

（3）不同方位的结合：可使用前、后、左、右相结合的方式。

（4）各种动作的改变：可以同时做、依次做、轮流做或对称做、非对称做。通常都是将两者同时进行。

（5）各种实践方式：可以采取走做、定位做的方式。行走动作可以是一步一拍或多拍。在位置上通常采用站姿，也可以采用蹲式、撑式、坐式、躺着等。

（6）不同的循环数的结合：例如一节四拍子，绕环一圈，二圈，三圈，四圈等。

（7）不同的振幅、路线、速度，不同的频率的结合。在轻量级体操的编排中，也应注重以身体锻炼为主，以器材动作为辅。

第十章　轻器械体操及专门器械体操

本章主要阐述轻器械体操的特点、内容和作用。通过本章的学习，能够掌握如何创编和设计一套轻器械体操动作。

第一节　轻器械体操的特点和作用

轻器械体操是指手持绳、圈、球、火棒、带等轻器械做的体操。在中国还使用纱巾、棍棒、实心球、哑铃、彩旗、彩球、花环和扇子等器械。轻器械体操用具简单，一般不受场地限制，不同年龄、性别和不同运动水平的练习者都可以学习操练。各种轻器械体操对身体的锻炼作用不同，如火棒操有助于提高上肢关节的灵活性；绳操有助于发展弹跳力、速度、灵敏度和耐力。20 世纪 60 年代以来，使用绳、圈、球、棒、带几种器械的体操已被世界韵律体操锦标赛列为正式比赛项目，对这些器械的规格也都有具体规定。还有旗操、扇子操等，可根据使用的器具特点来编排动作，但基本动作与上述各种轻器械体操相类似。

轻器械体操是依靠四肢、躯干和头部互相配合，向各个方向做屈膝、摆振、旋转等动作完成的，简单易学，特别适合老人和幼儿经常性的活动。它既有身体各部位的运动，又有变化器械方向位置的动作，还可以利用各种轻器械的不同特点来练习，如棍棒操充分利用棍棒自身的特点，练习幼儿的握棍、滑棍、举棍、转棍、绕棍等动作。因此，轻器械体操内容丰富、形式多样，具有独特性、趣味性，因此，有着良好的健身锻炼效果。

第二节　轻器械体操的内容

一、跳绳练习

跳绳是一种增强腿部力量、发展灵敏性素质、提高心血管和呼吸器官机能效果较好的群体项目，深受广大学生喜欢。跳绳练习内容有绳操、跳短绳和跳长绳。

（一）绳操

将短绳对折成二叠或三叠，持绳两端同肩宽或宽于肩，绳绷紧拉直做上肢的举、屈、伸、绕、绕环、转肩，躯干的屈、伸、绕环、转体，下肢的屈、伸、摆、踢、蹲、跳跃（跳长绳）及平衡等动作练习。

（二）跳长绳

绳长 5 米左右，摇绳方法有两种：一种是摇荡，即绳子左右摆荡，一般不超过45°；另一种是摇转绳，即向一个方向绕圈。摇转绳又分为正摇（练习者由上而下摇）和反摇（与正摇方向相反）两种方法。

1. 跳单绳

练习者摇一根长绳（应屈臂摇绳，绳摆至中央最高处时应高于一人，绳应擦地而过），一人或多人参加。主要有跑过和跳过两种形式。

（1）跑过：当绳子由最高点向着练习者方向下摇时（多用于正摇），绳接近地面时即跑过（见图 10－1）。每摇绳一圈或两圈跑过一人或多人，跑过时做各种动作，如转体、击掌、负重跑、单脚跳、双脚跳、拾物或多人互相拉手跑过去。

图 10－1　跳单绳——跑过

（2）跳过：跑进跳过一次摇绳后立即跑过去（见图 10－2）。由一人或多人从不同方向跑进，用单脚、双脚、屈腿、转体、击掌、拾物等方式跳过一次后跑出。连续多次跳过绳子后跑出为连跳。

图 10－2　跳单绳——跳过

2. 跳双绳

将平行的两根长绳有节奏地摇转，1 人或 2 人做跑过和跳过的各种动作。

（三）跳短绳

绳长为以两手握绳两端，一脚踩绳的中央，两臂屈 90°，大拇指向上，肘靠近身体将绳拉直为合适（见图 10－3）。摇绳的方法有前摇绳、后摇绳、交叉臂摇绳和绕“8”字空摇绳（绳两端相并握，于体两侧向前后轮流摇成“8”字形）。任何跳法均用前脚掌或由全脚掌过渡到前脚掌蹬地跳起，并用前脚掌或由前脚掌过渡到全脚掌着地。基本跳法有双脚连跳和垫跳、单脚连跳和垫跳、交换脚连跳和垫跳、跳绳跑和单（双）脚两摇跳和多摇跳。

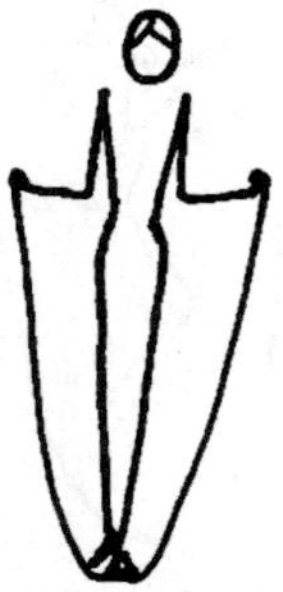

图 10－3　跳短绳

（1）单人跳。在基本跳法基础上可变化作后踢腿跳、高抬腿跳、前踢腿跳、分腿跳、团身跳等。

（2）双人跳。两人并排站立，各用外侧手摇绳，内侧手互握，同摇同跳；双人跳绳跑；两人面对面站立，一人摇绳，另一人扶住同伴腰部，两人同时跳（见图 10－4）。

图 10－4 双人跳

（3）三人跳。三人前后站立，中间人摇绳带两人跳（见图 10－5）。

图 10－5 三人跳

（四）跳绳游戏

跳绳游戏的内容较多，一般采用比赛的形式进行。

（1）花样赛：在规定的时间内跳绳，看谁跳出的花样多，如单腿跳、双腿跳、一摇两跳、交叉跳、跳转 180°、一跳双摇等。

（2）速度赛：跳绳接力赛，看哪一组先跳完。

（3）数量赛：在规定的时间内跳绳，看谁跳的数量多。

二、体操棍练习

体操棍是轻器械的主要内容之一。在徒手体操的基础上，以棍做限制物，可以增加关节的柔韧性、灵活性和完成动作时肌肉的控制能力；改变握棍的位置，可以增大重力矩杠杆的作用，加大动作的幅度和强度，提高练习效果；运用体操棍做游戏，可以调节运动强度，提高练习者的兴趣。持体操棍做操可做单人动作、双人动作和集体动作。体操棍游戏可做持棍游戏和定位棍游戏。

体操棍为圆形木质棍棒，长 1 ~ 1.2 米，直径 2 ~ 2.5 厘米。少年儿童用棍可稍短，如无专用棍时，可用竹竿代替。

（一）握棍基本方法

握棍基本方法有正握、反握、正反握、翻握、单手握（握一端、握中间）、双手握（握两端、握一端、并握）等。

（二）持棍基本动作

（1）持棍立正：右手拇指与食指握棍一端，其余三指贴住棍身，两臂下垂，使棍垂直靠于右肩前（见图 10 – 6）。

图 10 – 6　持棍立正

（2）持棍稍息：左脚侧出一步，同时右手压棍，使上端落下轻放于左脚尖前触地（见图 10 – 7）。

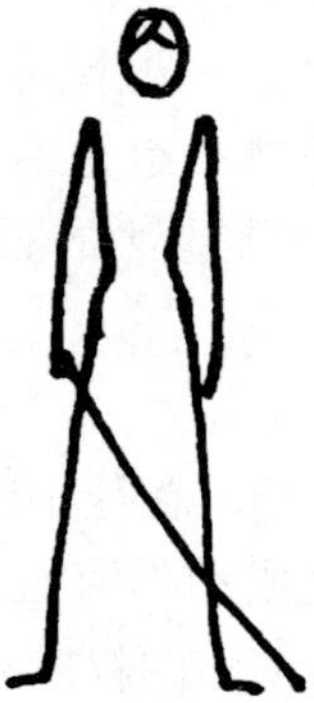

图 10 – 7　持棍稍息

（3）持棍行进：右手持棍，方法同持棍立正，行进时右臂不动，左臂自然摆动。

（三）持棍限制性动作

（1）横棍动作：握棍两端，两臂同时或依次向前，向后转肩；握棍两端，两腿依次摆越棍，或双腿同时跳过等（见图10－8）。

图10－8　横棍动作

（2）竖棍动作：将体操棍竖立在地上，单手扶棍，单腿摆绕过棍（见图10－9）。

图10－9　竖棍动作

（四）棍操

1. 单人动作

（1）上肢运动。

【练习 1】　预备姿势：直立，两手体前握棍（见图 10－10）。

图 10－10　上肢运动练习 1

1 拍，左脚侧出开立，两臂肩侧屈，持棍于胸前。2 拍，两臂伸直上举。3 拍，两臂前举。4 拍，还原成预备姿势。

【练习 2】　预备姿势：直立，两手体前握棍（见图 10－11）。

图 10－11　上肢运动练习 2

1 拍，两臂前举。2 拍，右臂在上，竖棍前举。3 拍，同 2 拍动作，但是方向相反。4 拍，还原成预备姿势。

（2）下蹲运动。

【练习 1】 预备姿势：直立，两手体前握棍（见图 10－12）。

图 10－12　下蹲运动练习 1

1 拍，并立两臂持棍前举。2 拍，半蹲、两臂上举。3 拍，身体直立提踵、两臂持棍于胸前屈。4 拍，还原成预备姿势。

【练习 2】 预备姿势：直立，两手体前握棍（见图 10－13）。

图 10－13　下蹲运动练习 2

1 拍，半蹲，两臂前举。2 拍，直立，同时两臂前举。3 拍，同 1 拍。4 拍，还原成预备姿势。

（3）体侧运动。

【练习 1】 预备姿势：直立，两手体前握棍（见图 10－14）。

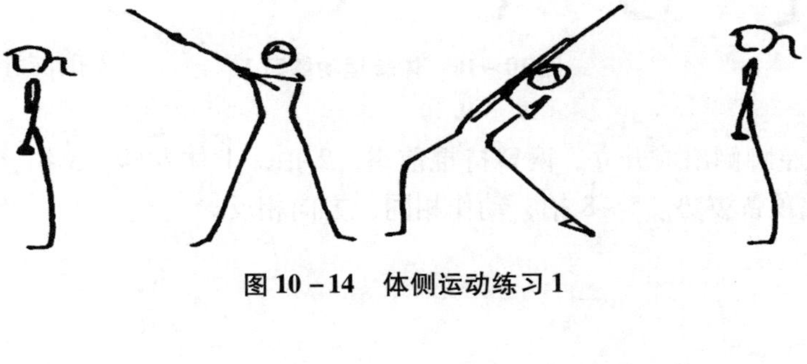

图 10－14　体侧运动练习 1

1 拍，左脚侧出一步成开立，右臂侧上举，左臂胸前平屈，棍端放于右肩上。2 ~3 拍，右腿弯曲成弓步，上体向左侧屈振两次。4 拍，还原成预备姿势。5 ~8 拍，动作相同，方向相反。

【练习 2】 预备姿势：直立，两手体后持棍两端（见图 10 – 15）。

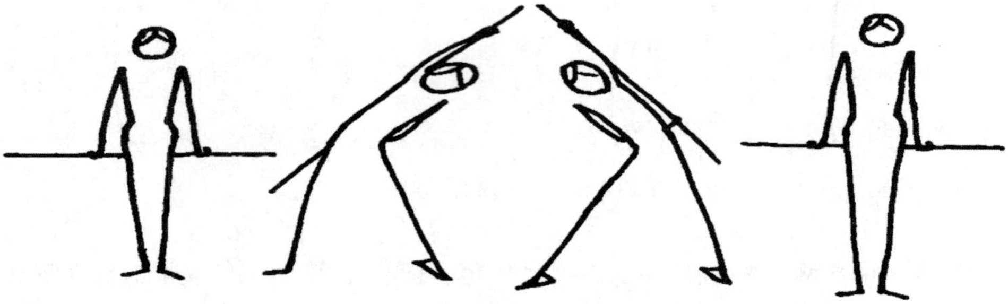

图 10 – 15　体侧运动练习 2

1 拍，左脚侧出成开立，同时左脚尖点地，右臂持棍上举，左臂腰后屈，上体向左侧屈振。2 拍同 1 拍动作再振一次。3、4 拍，同 1、2 拍动作，方向相反。最后还原成预备姿势。

（4）体转运动。

【练习 1】 预备姿势：直立，两手持棍于体前（见图 10 – 16）。

图 10 – 16　体转运动练习 1

1 拍，左脚侧出成开立，两臂持棍前举。2 拍，上体左转。3 拍，同 1 拍。4 拍，还原成预备姿势。5 ~8 拍，动作相同，方向相反。

【练习2】 预备姿势：直立，两手体前握棍（见图10－17）。

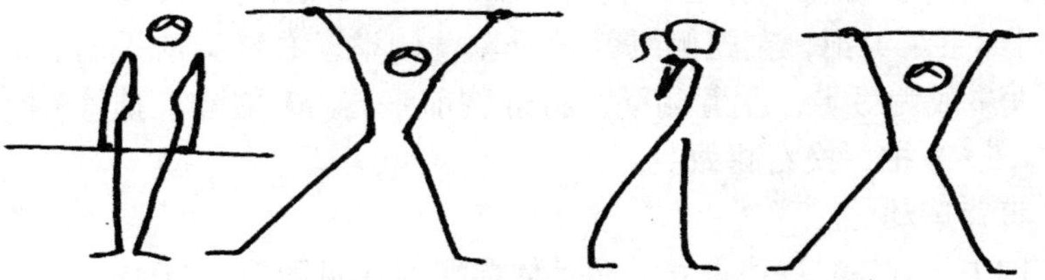

图10－17　体转运动练习2

1拍，左脚侧出成开立，两臂持棍上举。2拍，上体左转，两臂肩侧屈，持棍于头后。3拍同1拍。4拍，还原成预备姿势。5～8拍，反方向做。

（5）踢腿运动。

【练习1】 预备姿势：直立，两手体前握棍（见图10－18）。

图10－18　踢腿运动练习1

1拍，左脚向前一步，重心前移，两臂上举。2拍，左腿前踢，两臂经体前向右侧后摆。3拍同1拍。4拍，还原成预备姿势。5～8拍，换右腿做。

【练习2】 预备姿势：直立，两手体前握棍（见图10－19）。

图10－19　踢腿运动练习2

第一个 8 拍：1 拍，左脚前出一步，重心前移，两臂上举。2 拍，右腿前踢，两臂前举。3 拍同 1 拍。4 拍还原成预备姿势。5 ~ 8 拍，换腿做。

第二个 8 拍：1 拍，左腿侧踢，同时左臂侧举，右臂胸前平屈。2 拍，左腿向左跨一大步成侧弓步，左臂侧举，右臂胸前平屈。3 拍同 1 拍。4 拍，还原成预备姿势。5 ~ 8 拍，换右腿做。

（6）腹背运动。

【练习 1】 预备姿势：直立，两手体前握棍（见图 10 – 20）。

图 10 – 20　腹背运动练习 1

1 拍，左脚向前一步，重心前移，两臂上举，体后屈。2 拍，收回左脚，上体前屈。3 拍，半蹲，两臂前举。4 拍，还原成预备姿势。5 ~ 8 拍，换右腿做。

【练习 2】 预备姿势：直立，两手体前握棍（见图 10 – 21）。

图 10 – 21　腹背运动练习 2

1 拍，左脚侧出成大开立，两臂上举，体后屈。2 拍，上体前屈，以棍触左脚。3 拍同 1 拍。4 拍，上体前屈，以棍触右脚。5 ~ 7 拍，双手持棍，由右向左做体回环。8 拍，还原成预备姿势。

（7）跳跃运动。

【练习 1】 预备姿势：直立，两手体前握棍（见图 10－22）。

图 10－22 跳跃运动练习 1

1 拍跳开立，两臂前举。2 拍跳并立，两臂落于体前。3 拍跳开立，两臂上举。4 拍同 2 拍。

【练习 2】 预备姿势：直立，两手体前握棍（见图 10－23）。

图 10－23 跳跃运动练习 2

1 拍，跳开立，两臂前举。2 拍，跳并立，左手上翻转棍，两臂胸前交叉持棍于胸前。3 拍同 1 拍。4 拍，还原成预备姿势。

2. 双人动作

双人动作有协调性动作、助力性动作和对抗性动作。在持棍方法上有双人同持一棍和同持两棍的方法。

（1）双人协调性动作。

【练习1】 举臂动作预备姿势：持体操棍面对面站立（见图10－24）。

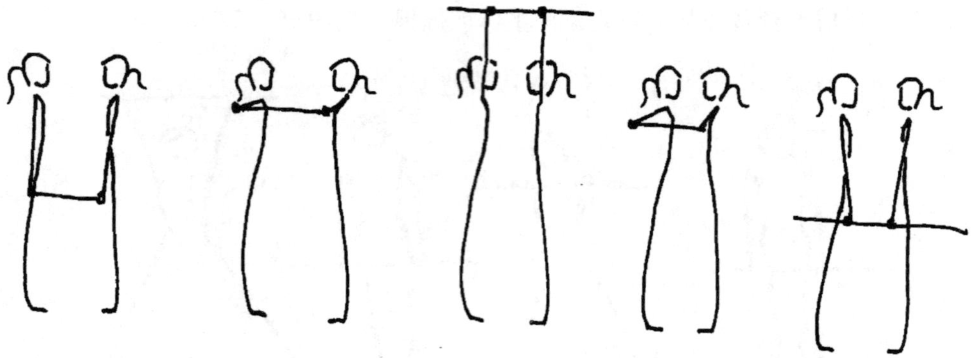

图10－24　举臂动作

1拍，两臂侧举。2拍，两臂上举。3拍，两臂侧举。4拍，还原成预备姿势。

【练习2】 体前屈动作预备姿势：持一根体操棍双人并立（见图10－25）。

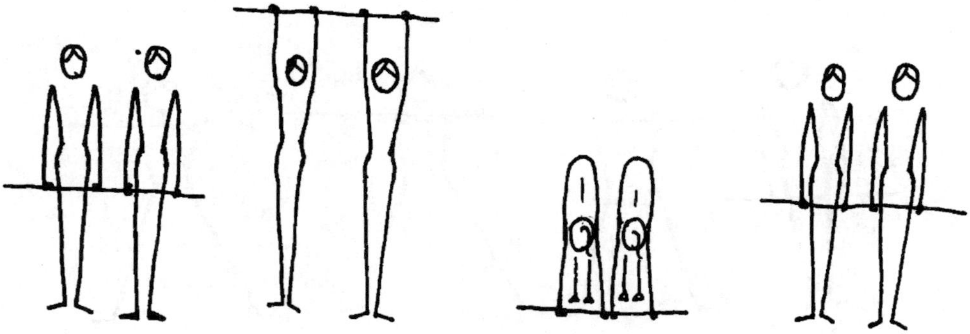

图10－25　体前屈动作

1拍，两臂上举。2拍，体前屈（拳触地）。3拍，起立两臂上举。4拍，还原成预备姿势。

提示：完成上述双人协调性动作，特别要注意双人协调配合，掌握好速度。

（2）双人助力性动作。

如一人握体操棍上举，另一人站在练习者后边，一手握体操棍，另一手推背帮助拉肩。完成助力性动作时，帮助者的助力要适当，避免外伤事故的出现。

（3）双人对抗性动作。

如二人同握一根或两根体操棍，互拉、互推、互扭体操棍。完成上述对抗性动作时，教师要注意两个学生的力量搭配，也可以安排男女生分开做。

（五）体操棍游戏

1. 持棍游戏

（1）两人一组，相距约1米，将棍竖立于地上，两人快跑交换扶棍。

（2）一人持棍由纵队排头将棍沿地面快速移动至排尾，每人依次跳越。

（3）两人一组，背向站立，每人单手持棍做头上（体后屈）、胯下（体前屈）交换棍等。

2. 定位棍游戏

将棍按一定的方式、距离排列在地上，做各种跑越、跳越动作。

三、实心球练习

实心球练习是轻器械体操的主要内容之一，是发展青少年身体肌肉力量的重要手段。因为实心球具有一定质量，通过抛接、传递、持球操以及游戏，对增强上、下肢和腰、腹、背部力量有显著效果。实心球被广泛应用于身体素质训练及运动辅助练习。

球的质量有1千克、2千克，直径有15厘米、20厘米、25厘米等多种。实心球练习的内容非常丰富。可以双手或单手持球做持球操，单人或双人做传递球练习，还可以做抛接球练习和实心球游戏。持球的基本动作如图10－26所示。

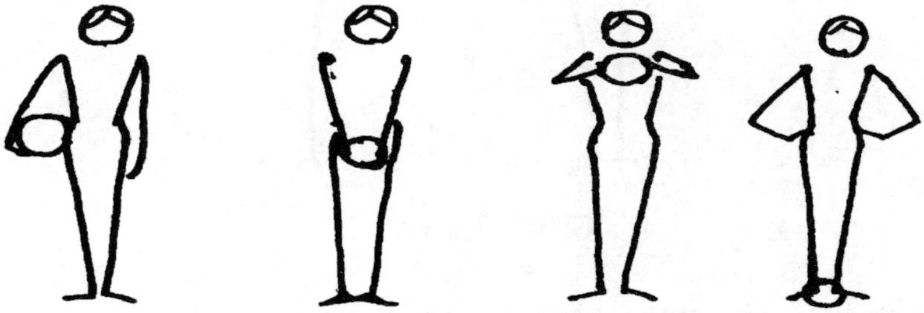

图10－26　持球的基本动作

（1）单手持球：用单手托球下部。如单手体侧持球，右臂弯曲，右手托球下部，靠于右腰侧。

（2）双手持球：手指自然分开，持球两侧。如体前持球，双手胸前持球等。

（3）两脚夹球：以脚内侧夹球。

持球做身体各部位的动作。例如，持球做上肢的各种举、屈、伸、振、绕环动作；持球做上体的各种屈、伸、转、绕环等动作；持球做下肢的各种屈、伸、踢、跳、弓步等动作，还可以做两脚夹球的各种动作；持球做全身运动。

四、哑铃练习

哑铃练习也是轻器械体操的内容之一。哑铃包括木哑铃和铁哑铃。哑铃操的特点是在练习中利用哑铃相互的碰撞声，使动作显得整齐、协调，并具有较强的节奏感。这种做法不仅能培养学生的协调性和节奏感，同时也能提高学习兴趣。铁哑铃用于提高身体素质的练习，对发展颈部、肩部、上肢、胸部、背部、腰部、腹部、腿部力量都起到良好作用。

哑铃练习的内容包括哑铃操、哑铃素质练习和哑铃游戏。

（一）木哑铃的击铃方法与节奏

1. 击铃方法

击铃方法如图 10－27 所示。

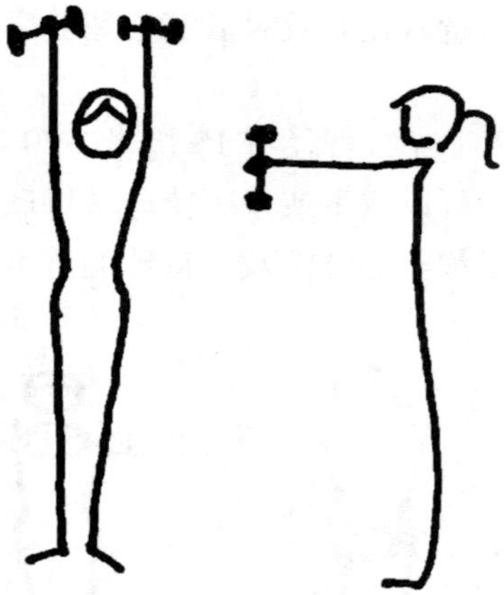

图 10－27　击铃方法

（1）横击铃：两手各持一铃，虎口相对，单铃碰击。

（2）竖击铃：两手各持一铃，掌心相对，双铃碰击。

2. 击铃节奏

木哑铃的击铃节奏有四拍中一次击、二次击、三次击、四次击以及一拍二次击等。

（二）哑铃操

持哑铃做身体各部位的动作。如持哑铃做上肢的各种举、振、屈、伸、绕、绕环等动作；持哑铃做躯干的屈、伸、转、绕环等动作；搞哑铃做下肢的踢、摆、屈、伸、跳、弓步、蹲等动作；持哑铃做全身的运动。

（三）哑铃素质练习

铁哑铃用于发展身体素质练习，因质量较大，练习时要注意应由小肌肉群活动过渡到大肌肉群活动；活动到一定时间，将哑铃放在地上做适当的放松练习，练习的速度应由慢到快；练习的次数根据需要逐渐增加；哑铃操后半部应加强下肢活动。

（四）哑铃游戏

1. 双人击铃游戏

双手持哑铃，背对背站立，上举体后屈击铃，转体击铃，体前屈两臂后伸击铃等。

2. 集体搬运游戏

每人抱 4 个哑铃做接力跑，看哪个组先跑完。或 5 人一组搬运 20 个哑铃，看哪一组先搬运完等。

五、小旗操练习

两手各持一小旗做徒手体操动作的成套旗操。旗为40 厘米×40 厘米正方形，用绸制成，旗面可为红色或以对角划分成两色，套在长 50 厘米的旗杆上固定。小旗操可做徒手体操的上肢、躯干、下肢、全身等组成的多节成套练习。旗的动作可做举、绕环、挥旗等。做时可用两手各持一旗、一手持两旗、一手持一旗、两手持一旗等。

第三节　专门器械体操的特点和作用

专用器材体操是利用肋木、体操凳、爬绳（杆子）等来锻炼自己全身的部位。最常见的是有肋骨和攀缘（杆）。专业器械操的特征是依靠器械，以不同的高度、距离、动作和其他附加的运动方式，如负重、辅助器械等，来调整运动对人体的作用。这种运动尤其有利于锻炼身体的力量和速度，提高攀登能力，培养勇气和坚韧的意志。专用器材体操经常被用作体能训练课程的预备项目，同时也是一种锻炼攀登技能的工具。

第四节　专门器械体操的内容

一、肋木练习

1. 发展身体各部分

（1）上臂及肩带运动：面向或背靠着肋木，双手持肋，屈伸，压肩；抱着胸骨，下蹲，提臂，身体向上方；一人将身体吊在胸骨的上端，两人在下支撑腿，使之上升。

（2）身体运动：身体面向肋木，双手向后弯曲；侧对持肋木体前、侧、后屈；在肋上悬挂、收腹提足；将一只羊放在肋木前面，双手持着肋木俯卧，侧卧，仰卧，仰卧，用抬腿法或脚勾肋木来完成上肢的提升。

（3）下肢、臀部的运动：面向、侧或背靠着肋木，用双手持一根木棍进行一腿向前、侧、后踢腿；面向肋骨，双手持肋木，或双脚分开踩在肋骨上；一人骑在另一个人的肩膀上，他人则是半跪着或站着。

2. 登山训练

（1）单行登山，也就是向上爬。可采取面向或背靠肋材的方式：双手双脚或双腿交替爬行或跳跃爬行；用双手或单腿爬行。

（2）斜坡攀爬：从一根肋骨的一端，斜着爬上去，再从斜坡爬到另外一端。可面向肋木节，依序爬上或隔栏攀爬。

（3）弯曲爬坡：从肋木的一端起，沿着一条直线向上爬。可以设定二级、三级为一条上下弧形，或全条为一条弧形。采取面向肋木节的顺序，或隔格攀爬。

3. 胸肌练习

胸腹操主要是做好预备运动，将锻炼全身的各部位，按照徒手操的编排次序排列，形成一系列有韵律的运动，充分地锻炼了全身。

二、绳（杆）训练

爬索（杆）是一种用双手一起向上攀爬的运动。绳子是用麻制成的，长度约4.5米，直径3～3.2厘米。杆为竹子，光滑的外表，其长短、直径与绳子相同。除了攀爬纵索（杆）之外，还有一种攀纵索和摇索。

（一）攀岩（杆）

竖线（杆）是一个将绳子（杆）的一端吊在上方的物品，其下部距离地面

20～30 厘米，有两种方式。

1. 用双手和双腿攀援绳（杆）

三拍：准备动作：保持手臂垂直，双手并拢抓住绳（杆）。

第一次：两条小腿向上弯曲，两只脚（两只脚后跟）和一根绳（杆）。

第二步：双臂弯曲，双腿和双腿绷紧，双臂弯曲，双臂弯曲，吊绳（杆）悬挂。

第三拍子：双手交替做准备动作，双腿仍然抓着绳子（杆）。

二拍：准备动作：一只手臂伸直，一手抓着绳子，另一手屈肘，在下巴的位置抓住绳子。

第一次：屈起双腿，双腿和双腿之间的绳子（或杆）。

第二步：双腿和双腿绷得笔直，身体向上，另一只手抬起，保持准备状态，双腿仍然抓着绳子。

2. 仅用双手攀援绳（杆）

从垂直臂、拳心向内抓绳子，双臂牵引，双手交替，双脚伸展；保持不变的高度。

（二）攀岩

绳子两端分别绑在一个东西上，绳子吊在空中，手脚并用，从一端到另一端。绳子的长短及吊高取决于物体的具体状况。有两种方法，一是挂膝，二是挂肩。

1. 挂膝

例如，用左脚吊绳子。右手在前，左手在后面抓绳子，在左脚的腘窝处，右手放在右手上。从左到右转，当右脚悬于左脚之前，左脚向下；按这个顺序交替向前移动到头的位置。

2. 悬挂式

悬挂式与吊膝术相同，只不过将绳子吊在两腿的脚踝上。

（三）拉绳子

摇绳是一种通过一根竖线从一侧高到高（或者从低到高）的一种训练。练的时候，双手抓着绳子，双腿在地上一点，跳到另一个高处，然后再把绳子放下来。在摇摆过程中，可以做屈腿、屈髋、分腿等动作，落地时可以面对前方或转身落地等。

第十一章　竞技体操

第一节　竞技体操的比赛项目

体操是奥运正规赛事，是我国竞技运动争夺金牌的主要运动。多年来，我国的竞技体操一直处于世界前列。体操分为男女两个单项，其中自由体操、鞍马、吊环等；跳马、双杠、单人 6 个，其中跳马、高低杠、平衡木、自由体操 4 个单项。

一、男子竞技体育

1. 自由体操

自由体操的场地是 12 米，宽度是 12 米。在自由体操的整套动作中，以技术动作为主，与其他动作例如力量平衡、柔软动作、倒立动作、跳舞等动作相结合，形成节奏和谐的统一动作。一系列的运动要在 50 ~ 70 秒之内，最大限度地利用场地。自由体操的技术串和静态的动作都有很高的标准，需要有连续的技术，有向后的连贯，有固定的动作。在这场比赛中，男子自由体操没有音乐伴奏。

2. 鞍马

马鞍高 1. 05 米，环高 12 厘米。在鞍马运动中，采用多种支持方法进行各种全转、摆跳，是一系列鞍马运动的基础特征。在进行大旋转时，主要采用双脚完全旋转。有可由手部的倒立加上转或无旋转的运动，各机构的运动都要在完全的摇摆中进行，不得有任何的暂停，这是一个不能进行的运动。

3. 吊环

吊环环高为 2. 55 米。一组跳绳的运动应该包括基本相同的摇摆和固定的力矩运动，它们是用悬挂、穿过或形成支撑或用手倒置来实现的；主要是用直臂式来实现。现代艺术体操最突出的特征就是从摇摆向静态的转换，或者从静态向摇摆的转变。举重要有一个困难的双手前倾，要做一个有难度的双手倒转，还要有一个很困难的固定力矩。

4. 跳马

跳马高 1.35 米。跳马是在一个助步的过程中，两腿同时发力，然后在空中做一个弹跳。跳马术的最大起跳距离为 25 米，起跳时可以停下来，但是不能掉头再开始。

5. 双杠

双杠运动是从许多不同的组合中选择出来的摇摆与飞翔的运动，并以不同的支撑点和悬挂的方式进行转换。在进行双杠的时候，要以并脚站立的方式进行，不要提前进行任何的操作。一系列的运动最多可以有 3 次暂停或停止。

6. 单杠

单杆高度 2.55 米。整个单人杠铃的运动包括摇晃的运动，用不同的抓握手法进行连续的运动。该动作由大回环、近杠动作、身体纵轴旋转和飞翔动作组成，并可出现两个跨杠下坠动作。单杠需要有一些高难度的腾空。

二、女子竞技体育

1. 跳马

马身宽在 35～36 厘米之间。马高因年龄的差异而异，成人体重为 125 厘米，儿童体重为 100 厘米。这匹马的腿部是可以上下移动的铁。这是一种很重要的跳台，板高 20～30 厘米，由橡胶板制作而成，具有一定的弹力。所有的跳跃都要用两只手来支撑，而助跑的距离则是根据自己的意愿来决定的。在跳马比赛中，运动员所举起的数字表示运动员在比赛中的各种姿势。

2. 高低杠

高低杠是一种特殊的女子体操运动，分为一高一低两杆，每杆之间的间距可以调节。低杠高 130～160 厘米，高杠高 140～190 厘米。该产品采用长径 5 厘米、短径 4 厘米的球杆为椭圆状，采用玻璃纤维与木材混合而成，强度高、韧性强。在规定中，对于组别动作难度的低杠与高杠的转体动作的转体难度、转体难度等都有特定的规定。

3. 平衡

平衡木长 5 米，宽 0.1 米，木高依要求可升降，正规赛事时设置为 1.2 米。平衡木动作有一定的完成时限，并对整套动作的难度以及空中技术都有很高的要求。

4. 自由体操

女子自由体操和男子自由体操最大的不同点在于，女子的自由体操的动作规定时限为 7～90 秒，需要有音乐的配合。

第二节　竞技体操动作技术

本节重点讲述了跳跃、技巧、双杠和单杠各项目的动作技术、教学方法及教学提示，旨在培养学生全面了解各个项目的练习特点和保护帮助的教学方法，使学生具有基本系统的学习能力。

一、跳跃

（一）助跑起跳

运动要领：从起跑，看到器材，上身略微向前倾斜，前腿接触地面；后肢完全伸直，把髋关节前伸，动作一致，节拍清楚，摆动手臂一致，步伐精确。在上板的最后数个步骤中，上身要自然提起，双臂向后，摆动的脚快速向前，踢出的脚主动离开地板；和摇摆的双脚并在一起，用两只前爪向前和向下踩在助力板上，两条腿主动地缓冲，保持头部、胸部和腰部，上身微微向前倾斜，双臂从下往上迅速、有力地摆动，与双脚的快速接触，使身体得到更大的弹力（见图 11－1）。

图 11－1　助跑起跳

技术要点：①助跑技术基本上与短跑途中跑相似，采用逐渐加速的方法。②助跑的距离和速度应根据腾越器械、动作类型及个人特点而定。③上板时“单脚上板双落起跳”，双脚起跳时，要含胸、梗头、紧腰。

教学规格：①助跑动作舒展，轻松迅速，摆臂协调。②踏跳有力，动作连贯。

保护帮助：保护帮助者站在跳板前的练习者落点一侧，一手在前，另一手在腰部挡扶。

教法提示：①跑步摆臂，后蹬练习。②三步“单跳双落”练习。③快速助跑，踏板练习，在踏板上反复踏跳。④踏板靠墙（或距墙 50～60 厘米）做上板踏跳练习。

（二）挺身跳

动作要领：轻松助跑“单跳双落”上板，两腿用力向下蹬板和两臂积极向前上方摆动结合，使身体向上高高腾起。紧腰、梗头，接近最高点时挺身亮相，然后控制身体平衡落地（见图 11－2）。

图 11－2 挺身跳

技术要点：①由于弹板需要有一定的缓冲时间，所以起跳动作不宜太快。②起跳时要立腰、梗头上顶，两臂同时积极上摆。③空中要短暂憋气，固定躯干、微挺胸。④落地时踝关节微屈缓冲，至全脚掌立稳为止。

教学规格：腾起高，在最高点时身体充分伸直。

保护帮助：保护帮助者站在弹跳板前练习者落点一侧，一手在前，另一手在后挡扶，防止前后跌倒。

教法提示：①助跑上板练习。②垫上练习和由高向低挺身跑下练习。③弹跳板上连续起跳接挺身下。

（三）屈腿团身跳

动作要领：用力摆臂起肩和充分蹬伸相结合，使身体高高向上伸直跳起。接近最高点时用力收腹屈腿上提，两手抱膝团身，随即迅速展体落地（见图 11－3）。

图 11－3　屈腿团身跳

技术要点：①起跳和落地技术同挺身跳做法。②腾空至最高点的瞬间要固定上体，同时迅速屈膝上提、抱腿。③伸展时两臂要积极上举，头部上顶，同时两腿用力下伸。④动作过程中，呼吸的配合由提气转入短暂憋气至沉气。

教学规格：要腾得高，团身、抱小腿。

保护帮助：同挺身跳。

教法提示：①垫上一人在练习者身后扶腰帮助其向上跳起，完成团身跳练习。②由高位置向低处做团身跳下。③弹跳板上连续弹跳接做团身跳下。

（四）屈体分腿跳（弹跳板）

动作要领：起跳时要充分蹬伸，提肩，领臂，梗头，使身体向前上方垂直高高腾起。接近最高点时，迅速收腹屈体，向两侧分腿，同时两手触脚面，随即积极展体，平衡落地（见图 11－4）。

图 11－4　屈体分腿跳（弹跳板）

技术要点：①起跳和落地技术同挺身跳做法。②腾空至最高点前瞬间固定上体，由脚面发力带动下肢迅速向上屈膝，同时两手击足。③梗头上顶、积极向上举臂，以带动两腿下压伸直身体至落地。

教学规格：腾空高，屈体分腿要充分。

保护帮助：同挺身跳。

教法提示：①垫上一人在练习者身后扶腰帮助其向上跳起，完成屈体分腿跳。②由高位置向低处做屈体分腿跳下。③弹跳板上连续弹起接屈体分腿跳下。

（五）挺身跳转 180°（弹跳板，以左转为例）

动作要领：垂直向上充分起跳后身体保持紧腰、伸直，利用头、臂、肩向转体一侧带动身体沿纵轴转动。如果是向左转体，则左臂上举，右臂伸向左腋。转体接近 180°时，两臂向前上方伸展制动，然后平衡落地（见图 11－5）。

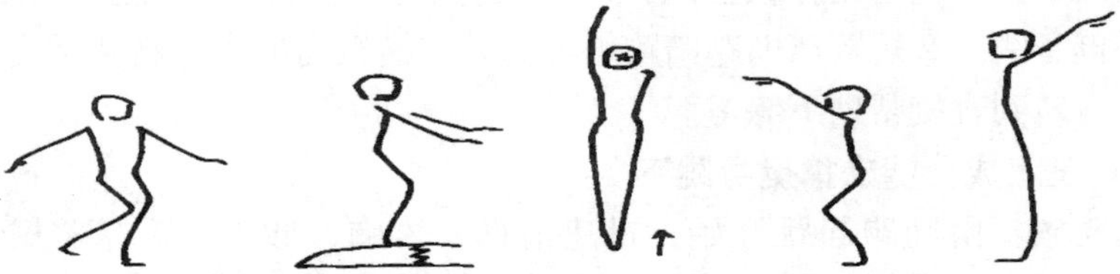

图 11－5　挺身跳转 180°（弹跳板，以左转为例）

技术要点：①起跳至最高点瞬间，两臂上举开始转体。②以头部左侧梗和左手伸向右腋完成转体动作。

教学规格：身体腾空转体时方向要正，身体要直。

保护帮助：保护帮助者站在练习者转体方向同侧的落点处，两手前挡后扶，维持其身体平衡。

教法提示：①垫上原地跳转 180°下。②由高向低做跳 180°。③弹跳板上连续弹起接做跳转 180°下。

（六）跳上成蹲撑挺身跳下

动作要领：由助跑起跳开始，两臂同时迅速前摆，含胸头稍低，撑器械同时提腰，屈膝靠胸，前脚掌踏在器械上成蹲撑。两臂推离器械向前上方摆，同时腿用力蹬离器械，使身体向前上方高高腾起，挺身展体落地（见图 11－6）。

图 11－6　跳上成蹲撑挺身跳下

技术要点：①起跳后两臂及时撑马，用力顶肩，防止前冲，同时稍含胸提臀，屈膝上提成蹲撑。②蹬离器械时，头要上顶，两臂配合向前上摆。

教学规格：要有短暂蹲撑过程，空中身体伸展充分。

保护帮助：①帮助者站在器械正前方，当练习者跳上成蹲撑时两手顶肩部。②帮助者站在器械前侧，一手扶顶练习者上臂，另一手托大腿后部帮助成蹲撑，练习者跳下时两手挡扶其腹、背部，防止跌倒。

教法提示：①垫上俯撑或鱼跃经水平支撑，迅速提腰、收腹、屈腿经蹲撑，接着推手挺身跳。②短距离助跑踏跳练习。③在横鞍马上或加高两手支点的横马上练习，再转到直接帮助下练习。

（七）跳上成分腿立撑挺身跳下

动作要领：由助跑起跳开始，迅速前摆，含胸、低头、手撑器械，同时提腰、提臀、顶肩，成屈体分腿立撑。两臂推离器械向前上方摆起，同时腿用力蹬离器械，使身体向前上方腾起，并腿展体挺身落地（见图 11－7）。

图 11－7　跳上成分腿立撑挺身跳下

技术要点：与跳上成蹲撑，挺身跳下基本相同，只是含胸提臀，屈髋分腿立撑时臀稍高，腾起后立即并腿挺身展体落地。

教学规格：向上腾起要高，伸展充分，落地远，动作连贯紧凑。

保护帮助：①帮助者站在正前方，当练习者跳上成分腿立撑时，两手顶其肩。②帮助者站在器械前侧方，一手顶扶练习者上臂，另一手在后托其大腿或腹部，帮助练习者经分腿立撑。挺身跳下时在练习者落点侧面扶背，挡扶腹部。

教法提示：①垫上俯撑或臂远撑垫，同时蹬地、提臀、顶肩经水平撑，分腿立撑，推手接挺身跳。②弹板上挺身跳。③助跑起跳上高位置接分腿立撑。④由在横鞍马或高垫上练习过渡到帮助下直接练习。

（八）跳上成跪撑，跪跳下

动作要领：助跑上板起跳后，迅速向前含胸摆臂撑器械，紧腰屈膝成跪撑。两臂推离器械同时抬上体臂后摆，前摆至垂面时，小腿积极向下压器械，臂用力上摆使身体向前上方腾起，在空中经跪姿，抬头挺身，伸腿落地（见图 11－8）。

图 11－8 跳上成跪撑，跪跳下

技术要点：①起跳后两臂支撑器械时，注意用力撑住重心，含胸屈膝前引成跪撑。②跳起前两臂要预先后摆并抬上体，以手腕发力带动提肩向前上摆起，同时小腿发力。

教学规格：空中经跪姿伸展。

保护帮助：①帮助者站在器械正前方，当练习者跳上时，两手顶其肩部，然后移动至侧方保护其落地。②帮助者站器械前方，当练习者跳上时，一手握其上臂，另一手托大腿后部帮助成跪撑，在落地时两手扶挡其背及腹部，维持身体平衡。

教法提示：①垫上鱼跃成跪撑，体会摆臂跪跳起。②用矮跳箱放在垫子上（高 20 厘米），使练习者由垫上向跳箱上跳上成蹲。③垫上连续做跪跳起的动作。

（九）屈腿腾越（横马或横箱）

动作要领：①有节奏地加速助跑及积极踏跳。②含胸、紧腰，两臂主动前伸撑马。③用力向前下顶肩快速推手，同时提臀、屈膝前引经“蹲”的姿势。

④迅速举起两臂，梗头、起肩、立腰、伸直两腿，展体落地（见图 11 –9）。

图 11 –9　屈腿腾越（横马或横箱）

技术要点：起跳后两臂要积极前伸撑马，随即用力顶肩推手，提臀、屈膝向胸部前引，在肩过垂直线时完成推手动作。推手后应向上用力立腰带动两腿向下的伸展。

教学规格：撑马时，经屈腿姿势与肩平，腾空明显，展体落地。

保护帮助：帮助者站在马前一侧，当练习者撑马时，一手握其上臂，另一手托大腿或臀部帮助屈腿。落地时转为一手扶背，另一手挡扶腹部以维持平衡。

教法提示：①垫上俯撑或鱼跃经水平支撑，推手成“蹲立”。②弹跳板上屈腿跳。③高位置跳上经蹲撑、挺身跳下。④由山羊或横跳马或加高支撑点的横器械上过渡到横马上练习。

（十）分腿腾越（不要求预先后摆）

动作要领：助跑起跳后，两臂快速前摆，含胸紧腰，要使手推器械形成的支撑反作用力，通过人体总重心的前方，使上体产生逆时针运动并呈分腿姿势向前飞越器械（见图 11 –10）。

图 11 –10　分腿腾越（不要求预先后摆）

技术要点：①起跳后两臂迅速前伸撑马，同时含胸提腰。②推离瞬间，两腿侧分并急骤下压，进行制动。③两臂顺势上举，起肩抬头进入腾空，与此同时迅速并腿前伸落地。

教学规格：臀部不低于肩轴，推手瞬间分腿。

保护帮助：保护者位于山羊前侧方，练习时扶握练习者上臂，助其抬起上体，同时后退帮助完成腾跃动作。

教法提示：①横箱跳上做分腿立撑，试做几次后，可直接在山羊上练习。②随着动作逐步熟练，宜将助跳板移远一些。

（十一）预先后摆分腿腾越（横马或横箱）

动作要领：基本上同分腿腾越横马。但要求预先后摆的分腿腾越第一腾空时间相对较长，起跳后两臂要快速向前上方含胸、紧腰挥摆，两腿后摆稍高于肩，身体呈水平状，在接近最高点时，两臂要主动拉开肩角远伸，上体积极下压撑马推手，然后进入第二腾空伸展落地（见图 11－11）。

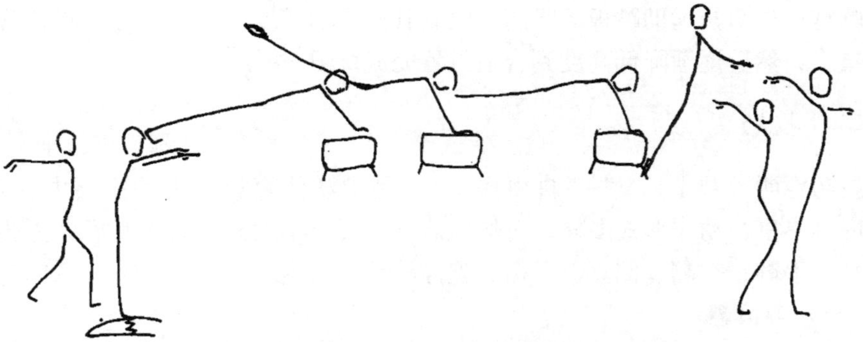

图 11－11　预先后摆分腿腾越（横马或横箱）

技术要点：①起跳后要积极后摆腿，使腿预先后摆高于肩水平，身体有种“两头伸”的感觉。②推手时则要更加积极制动下肢和迅速抬起上体，其他与不预先后摆的分腿腾越动作技术基本相同。

教学规格：后摆腿要高于肩，分腿直腾空和展体明显。

保护帮助：与分腿腾越方法相同。

教法提示：①可做预先后摆辅助练习，如在垫上鱼跃后摆经水平撑，顶肩推手、抬起上体成分腿立，然后推手抬起上体落地成分腿立或可面向高垫子或跳桌助跑起跳，预先后摆推手成分腿立，也可在高的垫子或跳桌与跳板之间拉一根横绳或设置其他限制物。②可在帮助下做双杠杠端向外支撑后摆分腿挺身下。③在山羊上练习预先后摆分腿腾越，山羊两端和山羊与跳板之间设置限制物，并逐渐拉远山羊与跳板之间的距离。

（十二）分腿腾越（纵马或纵箱）

动作要领：基本与分腿腾越相同，只是在心理上、技术上增加了难度，除注意解决心理因素外，技术上要加长助跑距离，加快水平速度，起跳后要迅速向前上摆臂，拉开肩角，含胸、尽量远撑。

技术要点：①起跳后两臂迅速前伸，两腿积极后摆，含胸提腰。②手向前伸，撑于纵马的二分之一前，推手瞬间两腿侧分并进行制动。③两臂顺势上举，起肩抬头进入腾空，与此同时迅速并腿前伸落地。

教学规格：手远撑时，髓部与肩平，膝关节直，推手后并有明显腾空和展体动作。

保护帮助：帮助者站在练习者落地一侧，落地时，两手扶挡背腹部，防止跌倒。

教法提示：①高位置跳上成分腿立，鱼跃手前撑马分腿落下。②山羊、横马分腿腾越，逐渐拉远助跳板的距离并限制其推手的宽度。③纵马分腿腾越落在更高的垫上，然后逐渐降低高度到合适位置完成练习。

二、技巧

技巧也叫“垫上运动”“自由操”，它是中学体育教学中的主要内容之一。技巧内容丰富，动作形式多样，对场地器材的要求不太高，易于开展，主要有一些滚翻、手翻、空翻、倒立、平衡、支撑等动作内容。

（一）前滚翻

动作要领：由蹲立开始，两手撑地，重心前移，同时蹬伸脚、膝，屈臂，低头，含胸，顺势经头的后部、颈、背、臀依次触垫前滚，当滚过背时，两手迅速抱腿跟上体，成蹲撑姿势（见图 11－12）。

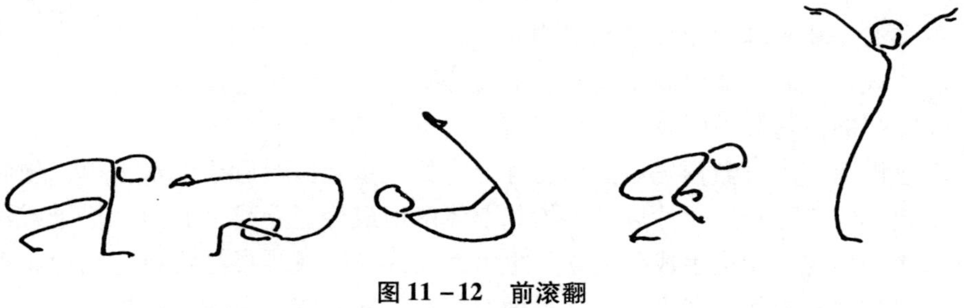

图 11－12　前滚翻

技术要点：①前滚时所经部位要按顺序依次触垫。②屈膝、抱腿跟上体要协调一致同时完成。③起肩跟上体时，迅速站起。

教学规格：蹬伸滚动时要有短暂直腿过程，团身滚动圆滑。

保护帮助：保护者跑于练习者侧方，推其背部帮助成蹲撑。

教法提示：①仰卧团身前后滚动。②在斜坡上由高处向低处向前滚翻成并腿。

（二）前滚翻分腿起

动作要领：由蹲立开始，但两手撑地较远一点，顺势屈臂低头向前滚翻，当滚至臀部与垫子接触时，上体前屈，两腿迅速分开，同时双手掌在两腿之间的臀部正下方投影处快速用力推起，以脚跟着地再过渡到全脚掌，经分腿屈体成站立姿势（见图 11－13）。

图 11－13 前滚翻分腿起

技术要点：①出发蹬伸速度要快。②要快速分腿和推手撑地，同时要与上体协调一致同时完成。

教学规格：从分腿开始，两腿保持直腿姿势。

保护帮助：保护者跪或站在练习者前侧方，推其臀部，帮助翻转。

教法提示：①在翻滚的过程中，地面平铺一块垫子，帮助练习者分腿。②在斜坡上由高处向低处向前滚翻同时成分腿。

（三）屈体后滚翻直腿起

动作要领：身体直立，上体前屈，重心后移，两手后伸在两腿外侧撑地（见图 11－14）。

图 11－14　屈体后滚翻直腿起

技术要点：①屈体后滚要迅速。②收腹举腿翻臀，换撑要快。③推撑要及时，有力。

教学规格：动作过程保持直腿，滚动圆滑，经头部完成。

保护帮助：保护者站在练习者后侧方，推其臀部，帮助翻转。

教法提示：①由坐撑开始的屈体后滚翻练习。②练习者身后放高垫，做屈体后坐练习。③可在斜坡上练习。

（四）挺身鱼跃前滚翻

动作要领：半蹲，重心前移，两臂前摆，使身体向前方跃起腾空。在空中保持手前伸，含胸、脚稍后摆姿势。当双手着垫时，有控制地对抗性屈臂、含胸、低头，经头后部依次完成前滚翻的后半部分动作（见图 11－15）。

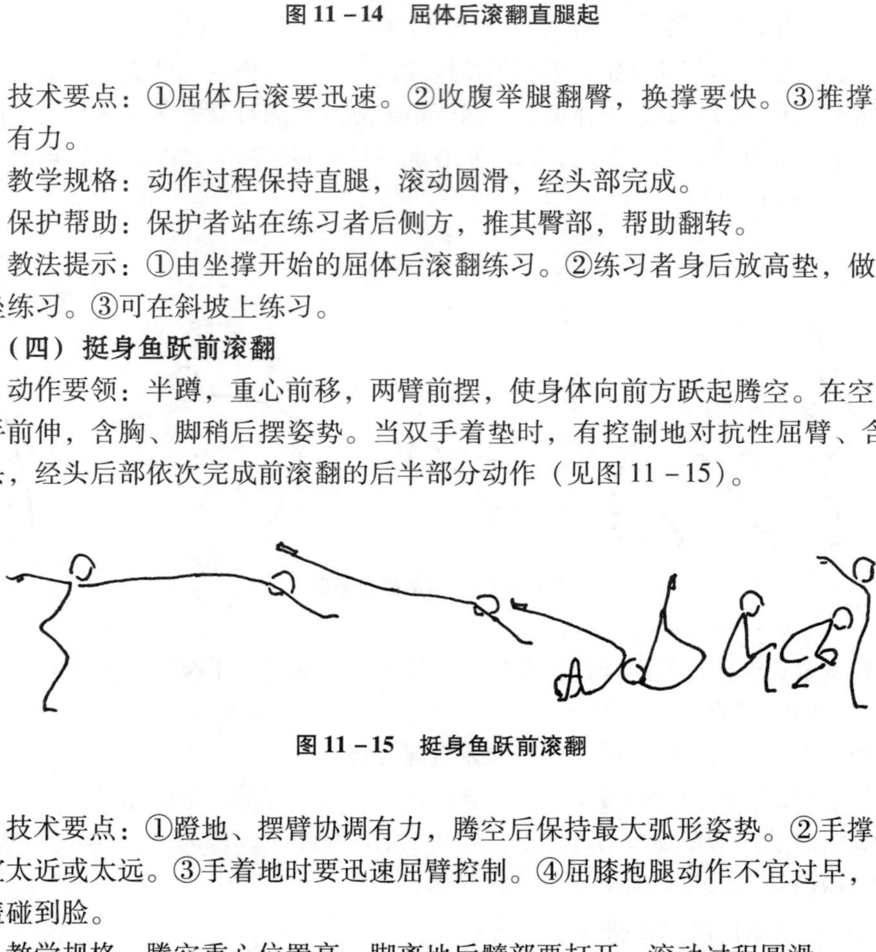

图 11－15　挺身鱼跃前滚翻

技术要点：①蹬地、摆臂协调有力，腾空后保持最大弧形姿势。②手撑地点不宜太近或太远。③手着地时要迅速屈臂控制。④屈膝抱腿动作不宜过早，防止膝盖碰到脸。

教学规格：腾空重心位置高，脚离地后髋部要打开，滚动过程圆滑。

保护帮助：保护者站立于练习者侧方，当练习者跃起腾空时，顺势托其大腿前送。

教法提示：①做前滚翻动作时摆臂手逐步远伸。②站在高位置，手臂远伸着垫，体会屈臂动作的前滚翻。③设置一定高度障碍的鱼跃前滚翻动作。

（五）手倒立前滚翻

动作要领：由手倒立位置开始，向前送肩，脚尖远伸前倒，感到重心前移（见图11－16）。

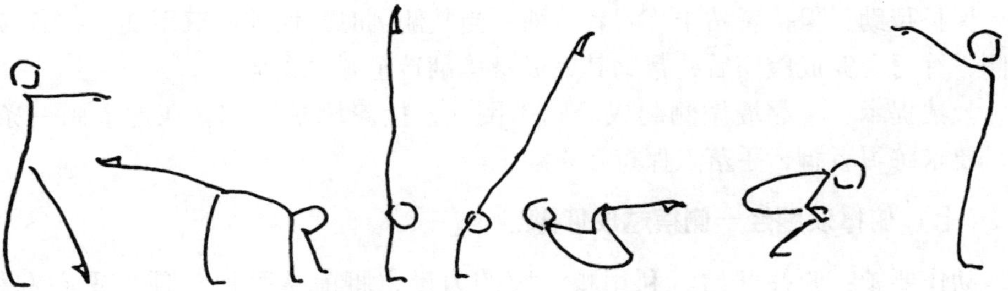

图11－16　手倒立前滚翻

技术要点：①倒立时要顶肩控制前倒，速度要慢。②完成屈臂后的前滚翻动作不宜过早。③当臀部着地时，屈膝抱小腿，成站立。

教学规格：手倒立与前滚翻动作要明显，滚动过程圆滑、轻巧。

保护帮助：保护者站立于练习者侧，稍偏前方，双手扶练习者小腿前移重心，当练习者重心前移到位时，稍提位帮助屈臂低头缓冲，然后放手跟进，推其背部帮助完成动作。

教法提示：①高举腿的肩背倒立前滚翻。②斜面垫子的帮助下完成整个动作。

（六）侧手翻

动作要领：以右脚站立，左脚侧举为例，两臂侧平举开始，侧举左腿然后着地屈膝，同时身体左侧屈下压，蹬伸左膝、踝关节，摆右腿，左手撑地，右臂侧压右耳至右手撑地，在倒立部位经一个分腿倒立过程，接着推开左手右腿从右侧落下，推开右手左脚落下身体侧起，成分腿开立，两臂侧平举姿势（见图11－17）。

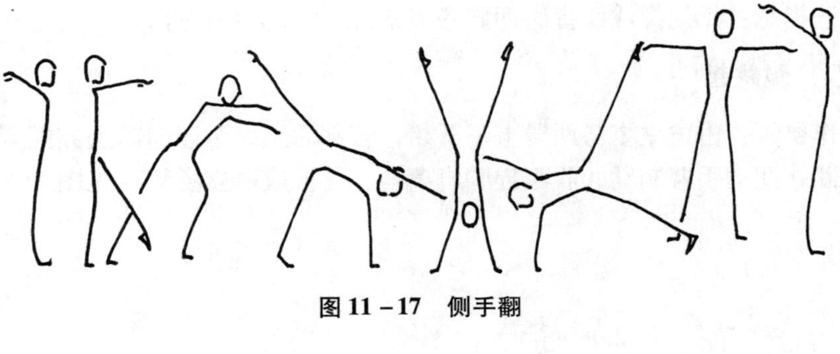

图11－17　侧手翻

技术要点：①蹬地摆腿要快，髋部打开。②经手倒立时立腰、顶肩、腿分开。③整个动作依次协调完成。

教学规格：整个动作过程要保持身体与地面垂直，手脚落点成一条直线，身体伸直成一个平面。

保护帮助：保护者站于练习者背面，当其侧倒时，保护者双手交叉扶其腰部两侧，练习者完成蹬摆后，帮助其完成身体翻转至开立姿势。

教法提示：①靠墙做侧起成分腿手倒立，接着侧翻下。②在地上画一条直线，要求练习者脚、手落点保持在直线上。

（七）俯撑双腿经一侧摆越成仰撑

动作要领：俯撑开始，利用腰、腹的力量，脚前掌蹬地，顶肩重心左移，提背收腹，两腿经右向前摆越，当腿接近右臂时，推开右臂，使腿继续前伸，移回重心，右手撑地，同时形成两手撑地，肩角拉开，身体挺直的仰撑姿势（见图 11－18）。

图 11－18 俯撑双腿经一侧摆越成仰撑

技术要点：①脚蹬地侧摆以提背带动收腹。②重心换撑及时、快速。③以身体长度为限，远伸挺身打开肩角。

教学规格：动作过程腿直，完成动作拉开成一直线。

保护帮助：保护者跪于练习者支撑臂一侧，一手扶其大臂，一手帮助送臂，当练习者脚着地前，扶大臂手换托其背部。

教法提示：①俯撑收腹提臀两脚蹬离地练习。②由俯撑向一侧摆越成侧撑。

（八）跪跳起

动作要领：由跪立姿势两臂上举开始，臀部后坐，迅速向前上方摆臂，同时伸膝殿髋、摆动手臂制动，收腹提膝脚离地，落下成蹲立姿势（见图 11－19）。

图 11－19　跪跳起

技术要点：①两臂的摆动与髋关节弹性屈伸协调配合。②摆臂、伸腰，小腿、脚背下压同时发力。

教学规格：动作配合协调，腾空高，落地稳。

保护帮助：保护者站在练习者侧方或后方，随练习者起跳，向上提其大臂帮助起跳高度。

教法提示：①摆臂、伸腰、制动手臂练习。②可在保护帮助下逐步过渡练习。

（九）俯平衡

动作要领：由直立姿势开始，单腿慢慢后举，上体前屈，当后腿举至最大限度高位时，抬头挺胸，成单腿站立、两臂侧平举的平衡稳定姿势（见图 11－20）。

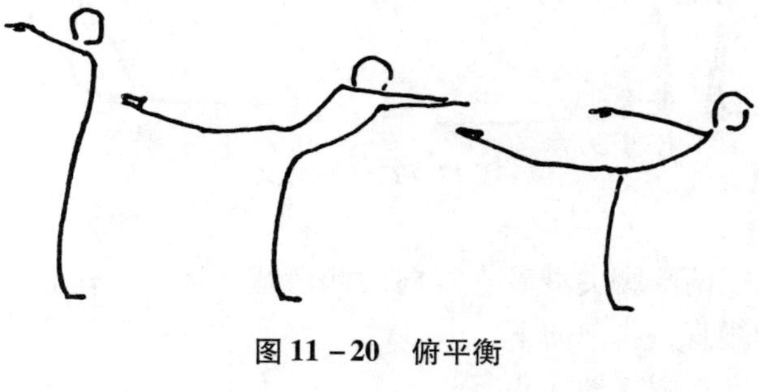

图 11－20　俯平衡

技术要点：先举腿后上体前屈，用脚调整稳定，维持重心平衡。

教学规格：上下腿伸直，后腿膝关节要高于肩。

保护帮助：帮助者站在练习者侧方，一手托其腿，一手托其上臂。

教法提示：①可扶把杆或肋木练习。②可进行前后踢腿练习。

（十）纵劈叉

动作要领：由站立姿势开始，单脚向前滑动，两腿前后拉开成一直线，前腿后部着地，脚面绷直，脚掌向下，后腿前部着地，脚面绷直，脚掌向上或向内，两臂伸直侧撑地或侧举，抬头挺胸，上体挺直（见图 11 – 21）。

图 11 – 21　纵劈叉

技术要点：①单腿沿直线向前滑腿，上体直，髋正。②髋关节充分展开，膝盖和脚尖远伸绷直。

教学规格：前后腿着地成一直线。

教法提示：①体前屈或弓箭步做压腿动作。②在帮助下练习纵劈叉。

（十一）横劈叉

动作要领：由分腿立撑姿势开始，两腿伸直向左右滑动成一字，两腿的内侧及臀部着地，两臂伸直在体前撑地或侧举，上体保持正直（见图 11 – 22）。

图 11 – 22　横劈叉

技术要点：①两腿脚尖沿着直线向两侧滑腿，体直、髋正。②髋关节顶开，膝盖和脚尖远伸绷直，脚掌向下。

教学规格：左右腿着地成一字。

教法提示：①侧弓箭步做压腿动作。②两手撑地，两腿左右分开，向下压腿。③在帮助下练习横劈叉动作。

（十二）一脚蹬地、一腿后摆成头手倒立（头顶）

动作要领：由蹲立姿势开始，上体前倾，两手撑垫与头部成正三角形，随即蹬地摆腿成头手倒立（见图 11 – 23）。

图 11－23 一脚蹬地、一腿后摆成头手倒立（头顶）

技术要点：①头手撑垫成正三角形，两肘内夹。②当腿摆至倒立部位时，蹬地腿应主动与摆动腿并拢。③身体重心始终保持在支点垂面范围内。

教学规格：身体伸直并与支撑面垂直。

保护帮助：保护者站位于练习者侧方，当其提起重心时扶腿，帮助伸展及维持平衡。

教法提示：①靠墙做一脚蹬地、一腿后摆成头手倒立。②保护者扶其小腿帮助完成动作。

（十三）蹬摆成手倒立

动作要领：由直立姿势开始，上体前倒，双手撑地与肩同宽，含胸，低头，眼看手。一腿弯曲蹬地一腿后摆，当摆动腿至与地面垂直时，蹬地腿与摆动腿并拢，含胸，顶肩，立腰，手撑五指抓地，使身体停在手倒立位置（见图 11－24）。

图 11－24 蹬摆成手倒立

技术要点：①手撑地，含胸，顶肩，蹬摆力量适当，脚有向上伸的感觉。②腹部不能松，肩的位置始终在控制范围内。③掌跟与指关节控制平衡。

教学规格：身体保持在同一垂面，直立稳定。

保护帮助：保护者站于练习者侧方，扶腿上提，并用腿挡其肩防止冲肩。当重心过于靠前时，提拉其腿，让其顺势做前滚翻。也可扶其转体落地。

教法提示：①小力量蹬、摆、撑、顶至半倒立靠墙再还原练习。②靠墙倒立停，练习支撑力。③靠墙反倒立，与墙隔适当距离，练习腰腹控制。④利用倒立架练习。⑤爬倒立动作练习。

（十四）前手翻

动作要领：由助跑趋步开始，右脚着地，左脚向前踏地经弓步，两臂上举，上体前压，手撑地，同时蹬左腿，快速后摆右腿，近倒立部位时并腿、紧腰、顶肩推手，使身体腾空，稍抬头，保持身体反弓形至落地。落地时踝关节缓冲，站成两臂上举的直立姿势（见图 11－25）。

图 11－25　前手翻

技术要点：①趋步后，上体下压快，手撑地点要稍向前。②蹬地、摆腿，并腿，紧腰制动，顶肩推手要快而协调配合。③完成推手离地后，身体应保持稍反弓形至落地站稳。

教学规格：顶肩推手后有明显腾空高度。

保护帮助：保护者站位于练习者手撑地的侧前方，一手托肩，一手托腰，帮助翻转。

教法提示：①靠墙竖一厚垫练习蹬摆，并腿。②在两人帮助下，练习蹬、摆、并、推跳练习。③在帮助下，由高处向低垫处做前手翻。

（十五）头手翻

动作要领：直立，上体快速前屈，蹬伸膝、踝关节，同时两手撑地，弯曲两肘关节，用头前额上部在两手间稍前的地方顶地，经短暂屈体过程使身体重心迅速超过头部支点垂直前上方后，两腿猛向前上方蹬伸，同时双手用力快速推撑，充分展髋，使身体腾空，保持推手后的抬头，挺胸，身体呈一定反弓形姿势至落地。落地时脚掌前半部着地缓冲，保持两臂上举的站立姿势（见图 11－26）。

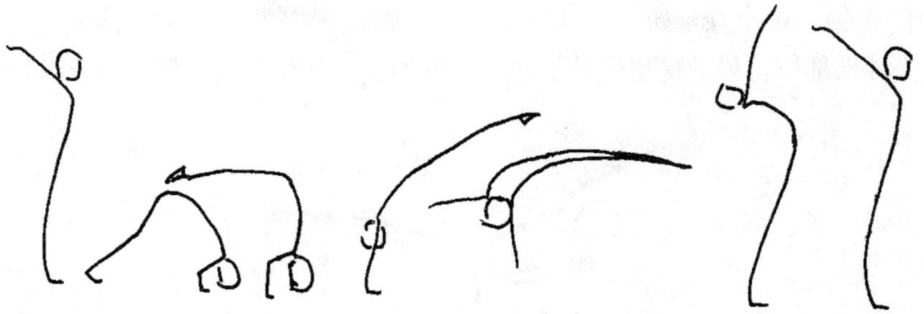

图 11－26　头手翻

技术要点：①蹬伸快，头与手的着地点要正确。②臀部过垂面时猛力向前上方打腿伸开。③推手后保持身体反弓姿势至落地站稳。

教学规格：推手蹬伸快，身体腾空高。

保护帮助：保护者单膝跪于练习者前侧方，一手托起大臂、肩部，一手托起腰部帮助翻转。

教法提示：①两人保护一人练习。②由高处向低处做练习。

（十六）经单肩屈体后滚翻成单腿跪撑平衡

动作要领：由直角坐撑开始，上体前屈，接着向后滚动，在收腹举腿翻臀时，头左侧倒。当臀部翻至支点垂面时，右臂经侧伸与左臂及时用力推地，经右肩向后滚翻，右腿下落屈膝跪地成单腿跪撑平衡（见图 11－27）。

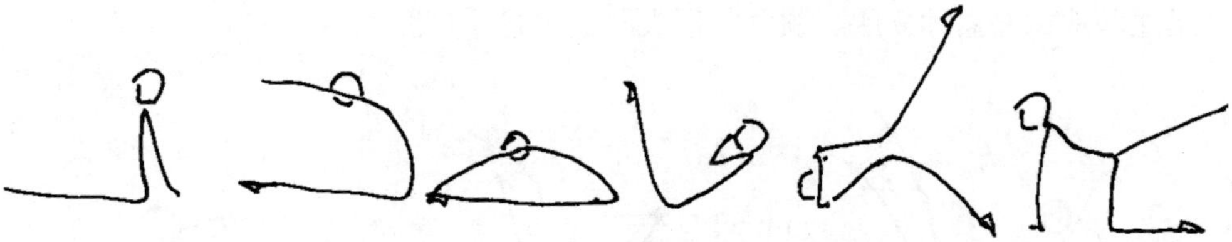

图 11－27　经单肩屈体后滚翻成单腿跪撑平衡

技术要点：①上体后倒，举腿翻臀的同时头侧屈。②当臀部翻至支点垂面时，抬头，两腿前后分开。③经右肩后滚翻时左手用力。

教学规格：圆滑，协调，方向正。

保护帮助：保护者位于侧面，一手托肩，一手托后举腿，助其完成。

教法提示：①直角坐，做后倒举腿、翻臀、头向左侧屈的练习。②经单肩后滚翻成跪撑。③头侧屈与后举腿同向，即头向左侧，左腿后举，右腿跪撑。

（十七）侧平衡

动作要领：由直立开始，一腿站立，另一腿慢慢侧举，同时上体侧屈，一臂上举贴于头耳根部位，另一臂稍屈贴于体后，成侧身，举腿平衡姿势（见图 11－28）。

图 11－28　侧平衡

技术要点：举腿侧屈慢，整个动作不屈髋，腿始终不弯曲。

教学规格：脚要高于头，身体重心稳。

保护帮助：保护者站在练习者后，一手托其举腿，另一手扶其上臂。

教法提示：①多做侧压或侧踢腿练习。②扶把杆或肋木的侧控腿练习。

（十八）侧手翻内转 90°（踺子）

动作要领：趋步跳起后，拉开肩，上体下压，经单臂撑地转体 180°，两手（稍屈臂）用力推地，贯腿立腰至站立（小翻踺子）。如要连接后空翻，技术与小翻踺子基本相同，但两臂支撑点要远些，转体推离后两腿要后踹，两脚掌着地后迅速踏地，并立即立腰、领臂、梗头向上跳起（见图 11－29）。

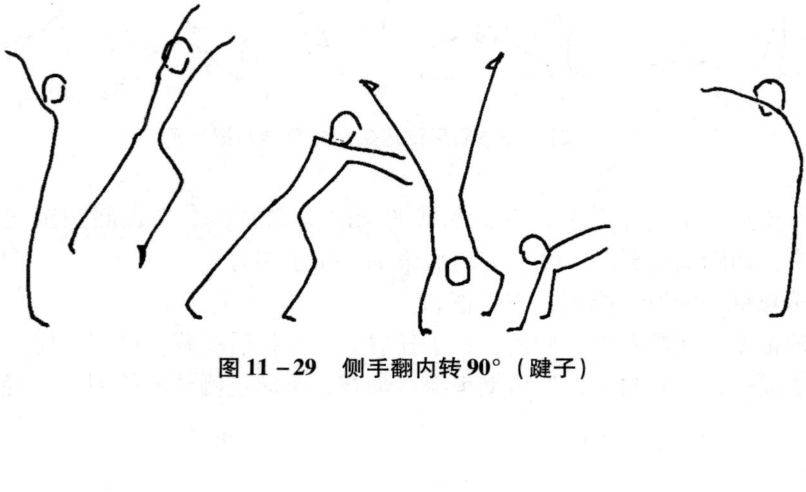

图 11－29　侧手翻内转 90°（踺子）

技术要点：①趋步后，上体迅速下压，两臂稍屈依次撑地。②以头带动向内转体，两腿在倒立部位并拢要快。③用力推离后，立即提腰抬臂起上体，同时猛力向内贯腿。

教学规格：方向正，经手倒立过程转体，推手有力，贯腿立腰快。

保护帮助：保护者站位于练习者手撑地的侧前方，于练习者的背面，双手扶腰，帮助转体。

教法提示：①做快速侧手翻。②帮助下原地做侧手翻内转 90°成倒立。③由手倒立开始做推手贯腿练习。④直接练习，保护者位于练习者侧面，两手扶腰，助其转体。空翻曜子则两手托腰或一手托腹一手托背向上提拉。

三、双杠

双杠练习是各级学校体育教学的主要内容。本节主要通过对双杠的上法、下法、支撑摆动、杠上练习等基本动作的介绍，培养练习者勇敢、果断等意志品质。

（一）跳上支撑前摆成外侧坐

动作要领：跳起支撑前摆顺势向上方摆腿，重心右移，用左腿后侧和臀中部接触右杠面成外侧坐杠。此时左腿弯曲，右腿向下伸直，挺胸，平视（见图 11－30）。

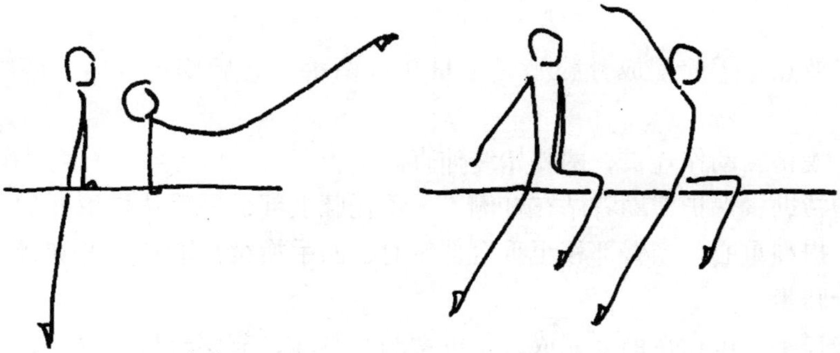

（1）　（2）

图 11－30　跳上支撑前摆成外侧坐

技术要点：①支撑前摆时肩不要后倒。②前摆至臀部过杠面后，做外侧动作。

动作规格：前摆时两肩拉开，两腿向前上摆起，不低于水平面，外侧坐时外侧腿尽量后伸。

保护帮助：保护帮助者站在杠外练习者的左侧，前摆时托臀部，送至外侧坐。

教法提示：可先由支撑摆动开始进行练习。

（二）分腿坐前进

动作要领：支撑前摆过杠面后，迅速分腿，以腿后部触杠成分腿坐。然后，身体挺直，两腿骑杠，上体前移，两臂经侧平举至体前稍远处用力撑杠，同时两腿伸直压杠后摆并腿进杠，接着支撑前摆成分腿坐（见图 11－31）。

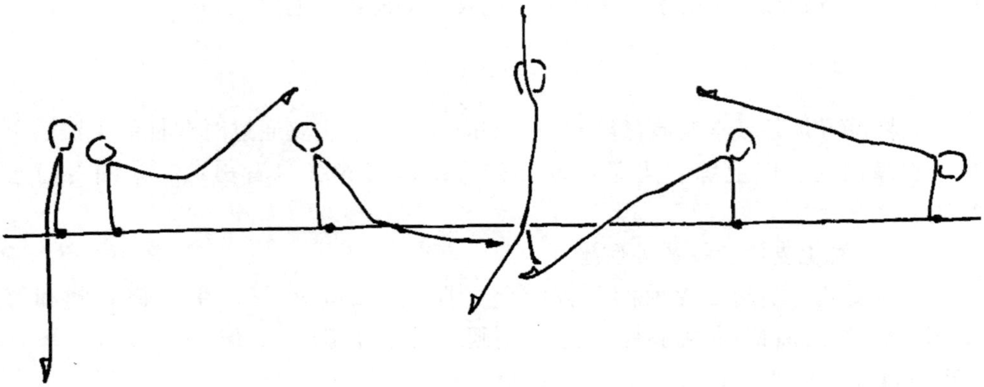

图 11－31 分腿坐前进

技术要点：①前摆成分腿坐时尽量靠近两手。②后摆进杠时，两腿应伸直压杠。

动作规格：动作连贯，两腿始终伸直。

保护帮助：保护帮助者站在杠侧，一手托膝上部，一手从杠下托肩，帮助提臀屈体，提高重心。当臀部移至垂直部位时，两手换至杠下托其背和腰部，帮助前滚成分腿坐。

教法提示：可在帮助下完成，帮助者站在侧面，前摆时托起臀部，送至分腿坐，进杠时一手扶其上臂，另一手托膝，帮助并腿进杠。

（三）外侧坐前摆直角下

动作要领：由外侧坐开始，上体后移，两臂用力撑杠，两腿并拢向左前方摆起，重心左移越两杠，同时两手推杠，换成右手撑左杠，落下成侧立（见图 11－32）。

图 11-32 外侧坐前摆直角下

技术要点：①前摆时两腿用力压杠。②越杠时，重心应左移。

动作规格：两腿充分前摆，落地前有伸展。

保护帮助：保护帮助者站在练习者左侧，当练习者做两腿向左前方摆起时，左手握其上臂，右手从杠上拖送背部或臀部，帮助越杠。

教法提示：①可先练习由右外侧坐摆越至左外侧坐。②在帮助下完成。帮助者站在练习者左侧方，左手握其上臂，右手从杠上托送臀部，助其越杠。

（四）支撑摆动

动作要领：前摆时，直体自然下摆，摆过垂直部位后，向前上方摆腿，尽量拉开肩角。后摆时，及时展髋远伸脚尖，身体自然下摆。摆过垂直部位后，向后上方摆腿，身体伸直，随着后摆高度的变化，逐渐拉开肩角（见图 11-33）。

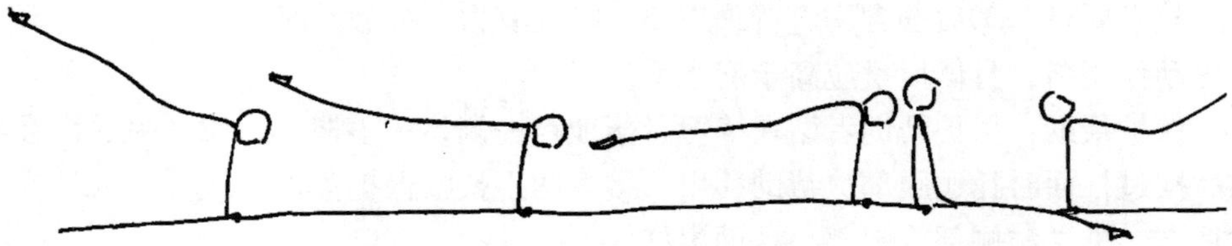

图 11-33 支撑摆动

技术要点：①基本支撑姿势要正确，不要塌肩。②前摆过程中，下摆时肩部减少前倾要顶肩，上摆时，随着腿部向前上方运动，应拉开肩角，并向前跟肩。后摆时也要保持肩轴在握点上方。前、后摆均应过杠垂直部位后加速摆腿。

动作规格：前摆不低于水平面，后摆不低于45°。

保护帮助：保护帮助者站在杠侧，一手握练习者上臂以稳固肩部，一手在前摆时，托送其背或腰部，后摆时托送其腹部或大腿，帮助含胸顶肩，拉开肩角，向前方送出和向后上方摆起。

教法提示：①注意培养正确的支撑姿势。②摆动幅度由小渐大。

（五）支撑后摆挺身下

动作要领：由支撑前摆开始，身体后摆过杠下垂直部位，两腿顺势向后上方摆起，接近最高点时，重心左移，同时右手迅速推扛，挺胸抬头，左手摆至侧上举，保持挺身姿势落地侧立（见图11－34）。

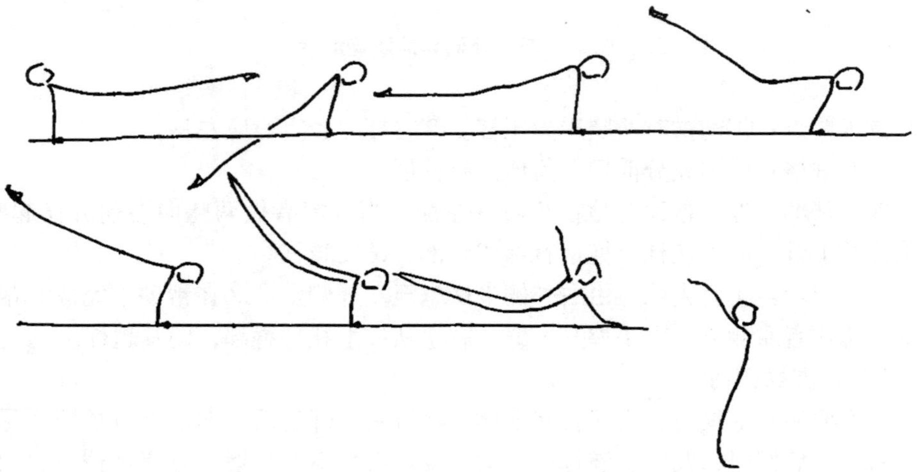

图11－34 支撑后摆挺身下

技术要点：①后摆含胸直臂顶肩。②推杠有力，换握及时。

动作规格：身体后摆应高于肩水平。

保护帮助：保护帮助者站在练习者落地点一侧，一手握其上臂，另一手在身体后摆过杠面时托送腹部，帮助移出，接着两手扶腰保护落地。或另一人站在异侧后方，推送髓侧部或腿部，帮助出杠。

教法提示：①必须先掌握正确的支撑摆动。②保护者站在下法异侧，一手托大腿，另一手扶肩帮助完成。

（六）支撑前摆直角下

动作要领：由支撑摆动开始，当身体前摆过垂直部位后，迅速向前上摆腿，同时身体向左移动，当摆至最高点时，向下压腿展髋，同时用力顶肩推杠，挺身跳下侧立（见图11－35）。

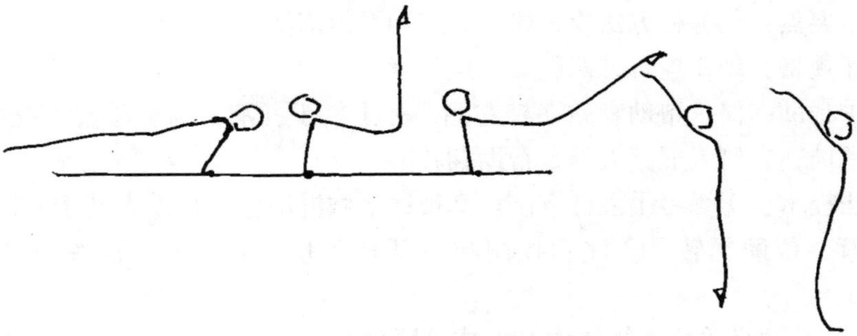

图 11－35　支撑前摆直角下

技术要点：①摆过垂直部位后就要加速摆腿。②压腿展髋和顶肩推手立上体要协调配合。③屈髋举腿时要顶肩前移。

动作规格：初学者臀部可摆至水平面高度即挺身推手，推手后右手可换撑左杠。高规格动作：上摆尽量拉开肩角，臀部上翻至极点再挺身推杠，推手后右手不再撑左杠，腾空挺身落地。

保护帮助：保护帮助者站在练习者落地点同侧，左手握其左上臂，右手从杠上托送背或臀部，帮助出杠。

教法提示：①反复练习支撑前摆屈髋高举腿。②在帮助下做完整动作，保护者站在杠侧，一手握住手臂一手托臀帮助出杠。

（七）分腿坐杠中侧滚动成分腿坐

动作要领：由分腿坐开始，左手于腿前 30 厘米处正握左杠，右手在左手后，臂旋外翻握杠，上体左前倒低头，右肩位于左前杠下，左腿上举，以腰骶部滚杠；同时分腿向左转体 180°，经分腿俯撑两臂推起成分腿坐（见图 11－36）。

图 11－36　分腿坐杠中侧滚动成分腿坐

技术要点：①握杠方法要正确。②应用腰骶部滚杠。

动作规格：动作连贯，两腿有一定开度。

保护帮助：保护帮助者站在杠左侧，一手杠下托肩，另一手杠上托拔大腿；或两人帮助，右侧人握其大腿，帮助翻转。

教法提示：①练习手握杠方法。②帮助下做慢动作。帮助者站于左前侧，两手托肩背，帮助翻转。③注意控制腰骶部负担量，初学者一次练习次数不宜过多。

（八）分腿坐单腿摆越转体180°成分腿坐

动作要领：分腿坐右腿前上举，接着后摆，上体顺势向右转体，左手撑右杠，右腿提过垂面时，应加速摆动，至杠面时，右手握杠，身体重心左移，继续转体，同时左腿在右腿下摆越两杠成分腿坐（见图 11－37）。

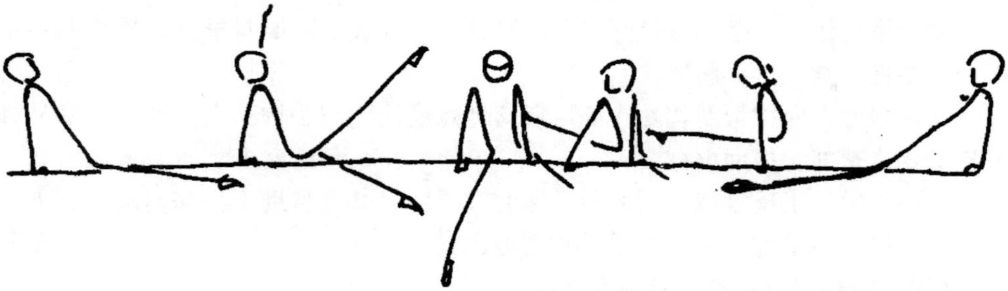

图 11－37　分腿坐单腿摆越转体180°成分腿坐

技术要点：①右腿摆动要充分。②右腿的摆动、左腿的摆越及转体配合要协调。

动作规格：右腿后摆充分，在杠上完成摆越和转体。

保护帮助：保护帮助者站在练习者转体一侧，当练习者摆出杠面后，一手托其右腿，顺势推搓髓髋侧部，帮助转体。

教法提示：可由两手撑右杠、左大腿前部压左杠的姿势开始，右腿侧摆，转体成分腿坐。帮助者站在练习者左侧，两手托送臀部助其摆越成分腿坐。

（九）支撑后摆转体成分腿坐

动作要领：由支撑后摆开始，当腿摆过杠面后，含胸顶肩，以足尖带动髋部向右转体180°，同时两手换握成分腿坐（见图 11－38）。

图 11－38 支撑后摆转体成分腿坐

技术要点：①后摆不要塌腰挺胸。②后摆超过杠面才转体分腿。

动作规格：初学者可先转体分腿坐后再换握，逐渐过渡到边换握边转体。左手换撑右杠后身体应仍在肩水平面以上，右手换撑左杠后，再分腿下落成分腿坐。

保护帮助：保护帮助者站在练习者转体一侧，当练习者两腿摆过杠面后，两手顺势搓送其髋部，帮助完成转体成分腿坐。

教法提示：①在地上画出与杠距等宽的两条平行线，手撑于平行线上仰撑，移重心依次换握转体 180°成俯撑。②在杠上练习，保护者托送其髋部帮助转体。

（十）挂臂摆动

动作要领：由屈体挂臂撑开始，伸展髓关节，两腿和臀部向前上方弧形送出，同时屈臂向前引肩靠近握点。当身体下摆近垂直部位时留腿，摆过垂直部位后，向后上方甩腿，同时两臂用力压离杠。当身体升至最高点时，微收髋并肩部稍后撤，远伸脚尖下落成挂臂撑并开始前摆。当前摆接近垂直部位时，也要留腿，摆过垂直部位后，猛力向前上方摆腿。当两腿摆出杠面后立即前伸制动腿，同时两臂压杠，振胸梗头，使肩部向前上方稍腾起（见图 11－39）。

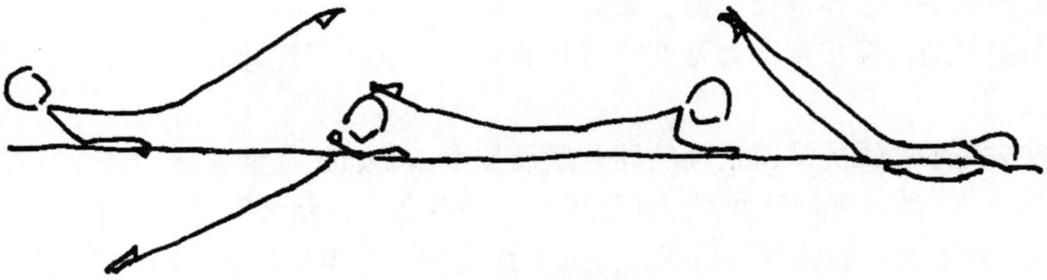

图 11－39 挂臂摆动

技术要点：①挂臂撑的基本姿势要正确。不塌肩，稍屈肘。手握杠面偏外侧，杠距视肩带力量与肩宽而定。②摆动中肩带肌不可消极松弛而漏肩。③除前摆屈髋和后摆甩腿外，充分下摆时下肢先超越上体。然后接近垂直部位时再落后于上体，过垂直部位后加速摆动。

动作规格：前后摆动应超过杠面。

保护帮助：保护者站于练习者侧面，当练习者做屈体挂臂撑放浪时，一手托肩，一手托臀，帮助向前上方弧形摆出。后摆时顺势托送腹部或腿；前摆时，托送背部。

教法提示：先做小幅度摆动，然后做由屈体挂臂开始的大幅度摆动。

（十一）挂臂前摆上

动作要领：由挂臂后摆至极点开始，当身体下摆接近垂直部位时，要留腿，达垂直部位后，猛力向前上方摆腿，当腿摆出杠面时，急速前伸制动腿，同时两臂用力压杠，梗头，上体急振起肩，上成较舒展的支撑部位（见图 11－40）。

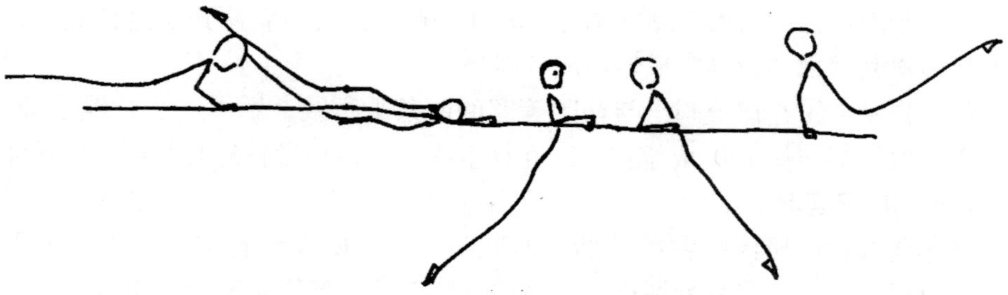

图 11－40　挂臂前摆上

技术要点：①上摆接近杠面时要有用力制动腿的动作。借助由此产生的下肢至上体的动量传递，及时有力地压杠、振胸、梗头、跟肩。②上体成支撑时肩轴要积极向前上移动，这样后摆才能充分有力。

动作规格：上体成支撑时，偏高于肘。

保护帮助：保护帮助者站在练习者的侧面，从杠下托起背部或臀部，另一手托腿。

教法提示：①先掌握正确的挂臂摆动技术。②通过摆臂撑摆动增强肩带肌的压杠力量。③练习者仰卧挂臂撑两腿撑杠（或并腿撑在杠水平面的另外支撑物上），先挺腹，然后快速屈体并向后下方压杠上成支撑。每组重复 3～5 次。④挂臂摆动上成分腿坐，注意肩离杠后再分腿。以上练习都可有效体会制动腿和压杠动作。

（十二）挂臂后摆上

动作要领：由屈体挂臂弧形送出开始，下摆过杠面后，接近杠下垂直部位时要留腿，经过杠下垂直部位后，猛力向后上方甩腿，同时两臂用力压杠，肩适当前移，伴随着身体继续上摆，同时伸直两臂上成支撑（见图11－41）。

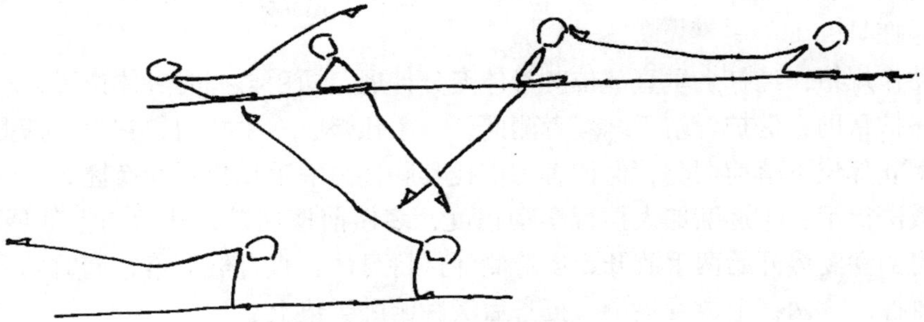

图11－41 挂臂后摆上

技术要点：①鞭打要充分、有力、准确。②甩腿压杠，协调配合。

动作规格：直臂上体成支撑时身体不低于肩水平面。

保护帮助：保护帮助者站在练习者的侧面，当练习者做屈体撑，两腿和臀部向前上方弧形摆出时，一手在杠下托肩，一手托腰部，向前上方送出；后摆时，托送其腹部帮助上体成支撑。

教法提示：①往后摆鞭打这个主要技术环节反复练，上摆肩要离杠。②可在前低后高的倾斜双杠上做后摆上。③在专项素质练习中，适当安排后摆臂屈伸练习。

（十三）挺身后滚翻

动作要领：由身体高于杠面的挂臂后摆开始，当身体前摆过杠下垂直部位后，用力向前上方兜腿，稍屈髋，臀部接近杠上垂直部位时，向上伸髋，抬头，两臂侧伸压杠挺身后翻，随即两手前伸握杠成挂臂前摆（见图11－42）。

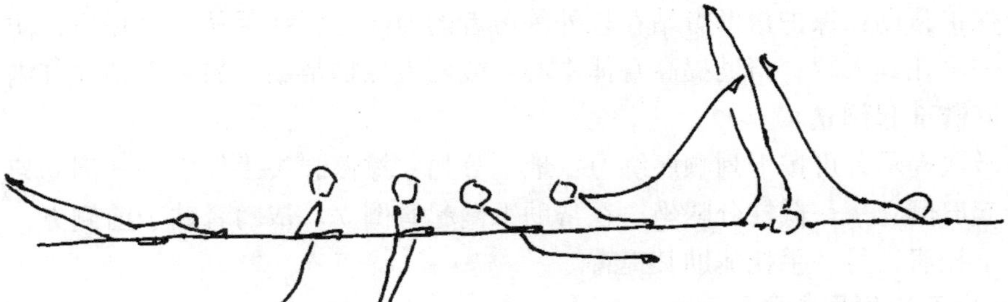

图11－42 挺身后滚翻

技术要点：①上摆压杠协调配合，接近杠上垂直部位时，积极向上伸髋、挺胸、抬头。②两臂压杠力量一致，保持身体正直。③挺身后滚翻时两手要松杠迟，握杠早。

动作规格：经杠上垂直部位时身体充分伸展，两手再握时身体位置力求高。

保护帮助：保护者站于练习者侧面，一手托臀，一手托肩，帮助后滚翻，当由肩倒立部位下落前摆时，保护者一手托其胸，另一手托腿帮助换握。

教法提示：①逐渐加大挂臂摆动幅度，多做前摆屈髋，然后向上伸展练习。②由肩倒立姿势开始两手放开，压臂侧伸保持身体正直自然下落，同时两手主动前伸再握。③两杠上放置垫子，挺身后滚翻俯卧于垫上。

（十四）分腿坐慢起肩倒立

动作要领：由分腿坐开始，两手于腿前撑杠，上体前倒、屈臂、提臀，两肩在手前顶杠，两肘外展，当臀部提至垂直部位时，伸髋、并腿成肩倒立（见图 11 – 43）。

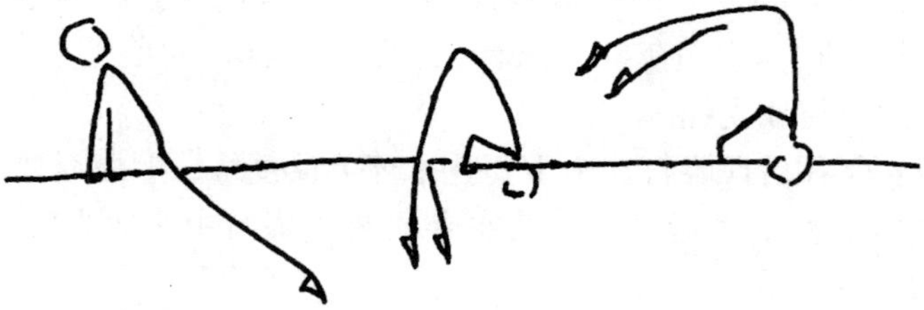

图 11 – 43　分腿坐慢起肩倒立

技术要点：①两手靠近大腿内侧握杠起倒立时，含胸提臀要充分。②成肩倒立时，两肘应保持外展。

动作规格：成肩倒立时，身体要直。

保护帮助：保护帮助者站在杠外练习者的前侧方，一手从杠下托肩，防止漏肩；一手托其大腿，帮助提高身体重心。或两人保护帮助，另一人站在杠内，两手扶其髋部起倒立。

教法提示；可按下列顺序练习：地上分腿立撑慢起头手倒立——倒立架分腿坐慢起肩倒立——低杠分腿坐，在帮助下慢起肩倒立。帮助者站于前侧方，一手从杠下托肩，另一手托腿助其提臀。

（十五）肩倒立侧翻下

动作要领：由肩倒立开始，足尖侧倒带动身体顺势向右（左）侧移动重心，接着左（右）手推杠，同时右（左）肩部顶杠，侧翻下成侧立（见图 11 – 44）。

技术要点：侧翻过程中身体和头部应保持一定紧张度，足尖应远伸。

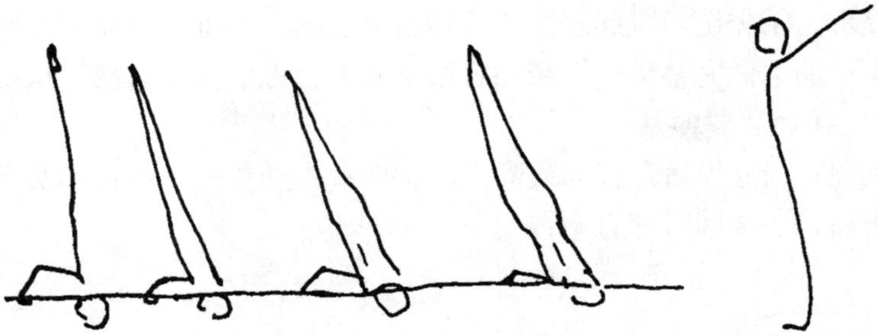

图 11－44　肩倒立侧翻下

动作规格：侧翻时，身体要保持伸直姿势。

保护帮助：保护者站在练习者的右（左）侧前方，当练习者向侧翻下时两手扶其腰的两侧，防止前后偏斜。

教法提示：①应先掌握肩倒立的技术。②可先在低双杠上练习，然后再上高杠。

（十六）肩倒立前滚翻成分腿坐

动作要领：由肩倒立开始，含胸、低头、屈髋，向前滚翻，两手及时换握经屈体挂臂撑，当臀部接近杠面时，分腿伸髋下压、两臂用力撑杠，抬起上体成分腿坐（见图 11－45）。

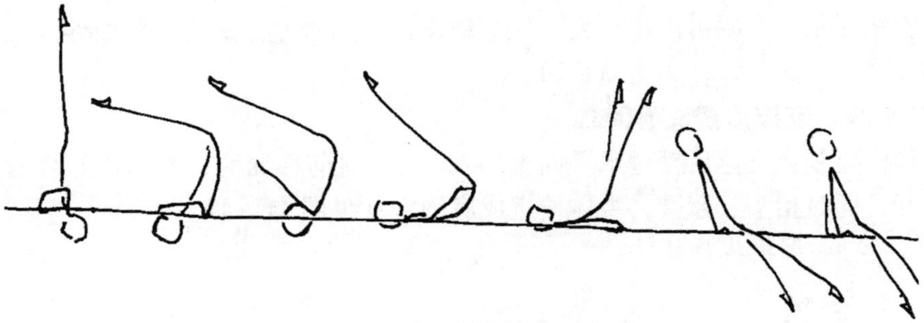

图 11－45　肩倒立前滚翻成分腿坐

技术要点：①肩倒立前跟时两肘要保持外展姿势。②滚翻两手换握时，应做到放手迟，握杠早。经屈体挂臂撑后，应立即顺势伸髋分腿下压成分腿坐。

动作规格：换握时臀位高，滚翻圆滑。

保护帮助：保护帮助者站在杠侧。当练习者臀部移至垂直部位时，两手托其背和腰部，帮助前滚成分腿坐。

教法提示：①先练习跳起屈体挂臂撑（臀部高于杠面），伸髋分腿下压成分腿坐。②在帮助下做完整动作，帮助者站于侧方，做前滚翻时两手从杠下托背。

（十七）摆动屈臂伸

动作要领：当支撑后摆接近最高点时，两臂主动弯曲，身体顺势前摆，过垂直部位后稍屈，前摆同时伸直两臂（见图 11－46）。

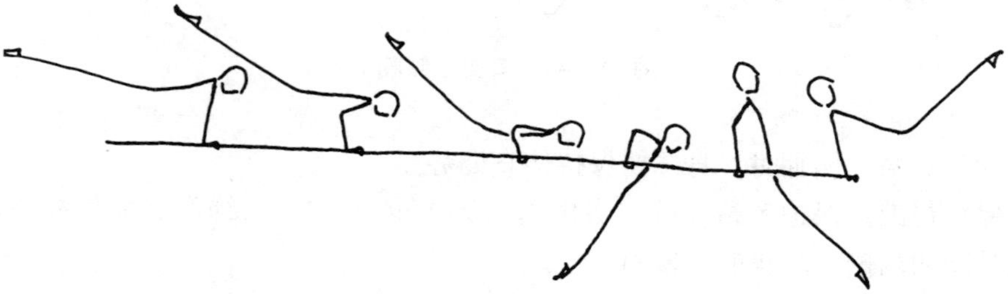

图 11－46　摆动屈臂伸

技术要点：①两臂弯曲时身体应保持伸直。②摆时两肘内夹。③先屈臂后下摆，上摆同时伸直两臂。

动作规格：后摆高于水平，前摆接近水平。

保护帮助：保护帮助者站在杠侧，一手握练习者上臂帮助支撑，另一手在前摆时，托送其背部，后摆时托送其腹部或大腿，帮助提高身体重心。

教法提示：摆幅可由小至大。这个动作也可逆向做，即后摆臂屈伸。一般安排在技术练习之后，作为素质练习手段。

（十八）支撑后摆成肩倒立

动作要领：支撑后摆过水平面上约 45°后，肩前移屈臂，当肩部触杠时，两肘张开，同时抬头、紧腰，身体伸直成肩倒立（见图 11－47）。

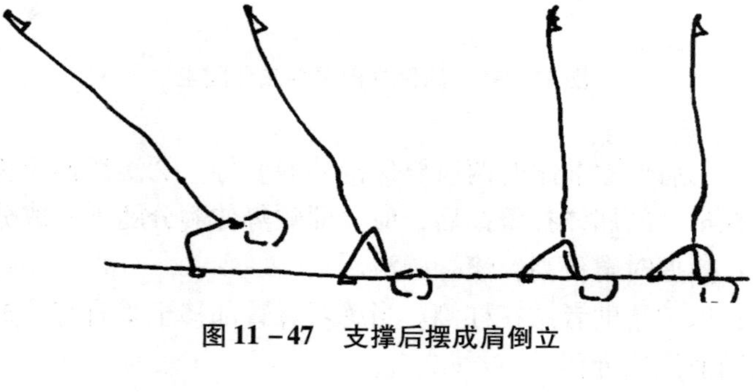

图 11－47　支撑后摆成肩倒立

技术要点：①摆动要舒展，没有突然加速动作。②成肩倒立时要抬头、分肘，防止下落。肩前移、屈臂、后摆应协调配合。

动作规格：要求后摆超过水平45°后，屈肘，慢慢落下成肩倒立。不能做成用力动作。

保护帮助：保护者一手托其胸，另一手扶背部，帮助上体成倒立和防止“漏肩”下落。

教法提示：①慢起手倒立练习。②加强保护，防止伤害事故。

（十九）挂臂屈伸上

动作要领：由挂臂摆动开始，前摆成臂部高出杠面的屈体挂臂撑，然后猛力向前上方伸髋，随后制动腿，同时两臂用力压杠，急振上体跟肩上成支撑（见图11－48）。

图11－48　挂臂屈伸上

技术要点：①屈伸技术要求：脚尖走最远路线，髋关节先伸展后弯曲，折体要充分且富有弹性，然后朝前上方迅猛蹬伸及时制动。②制动的同时两臂有力朝后下方压杠、振上体，梗头起肩。

动作规格：上体成支撑时直臂，臀部不低于肘。

保护帮助：保护者站于练习者侧面，一手握其上臂，另一手由杠下托背部，帮助成支撑。动作完成后，托背部的手迅速收回，以免影响腿的后摆。

教法提示：①垫上模仿练习。②先学挂臂屈伸上成分腿坐。③在帮助下做完整动作，保护者一手托背，另一手托腿帮助上成支撑。

（二十）直角悬垂摆动屈伸上（长振屈伸上）

动作要领：杠中侧立向前上方挺身跳起，两臂前摆握杠，屈髋悬垂前摆，过杠下垂直部位后，两脚继续前伸，髋关节自然展开，当接近前摆极点时，身体充分伸展。接着迅速屈收腿逐渐贴紧上体，向前上方伸髋，两臂用力向后下方压杠，上体向上急振，跟肩、梗头，直臂上成支撑（见图11－49）。

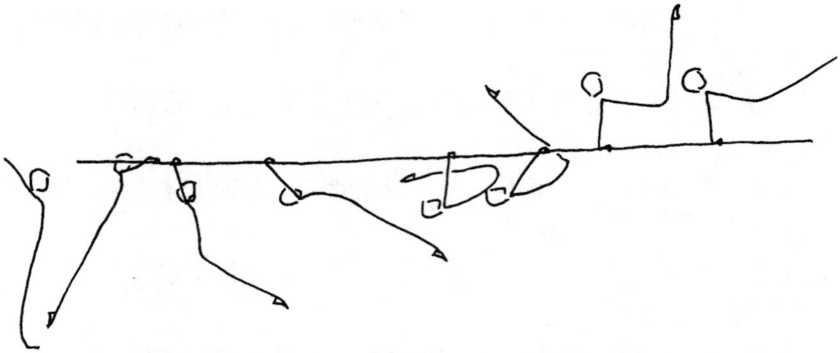

图 11－49　直角悬垂摆动屈伸上（长振屈伸上）

技术要点：①直角悬垂前摆含胸梗头，将结束时身体应尽量伸展。②屈体悬垂回摆浪自然及时，至垂直部位时折体充分。③腿压杠振上体，动作有力，协调配合，方向准确。

动作规格：上体支撑，臀部在杠水平面以上。随着掌握屈伸技术，逐渐增高伸髋送腿方向。

保护帮助：保护者站在练习者的侧方，当练习者收腹举腿时，一手托背，一手托腿，顺势向前上方快速托送，帮助上体成支撑。

教法提示：①可先在扛端面向内练习跑动成屈体悬垂屈伸上。②直角悬垂摆动可在低单扛练习。③保护者一手托背，另一手拖臀，帮助练习者完成。

（二十一）支撑后摆成手倒立

动作要领：当下摆过扛垂直面后，开始加速向后上方摆腿，摆过扛 45°后，随着脚尖继续上摆，开始顶肩，充分拉开肩角，至垂直部位时紧腰锁肩，两腿向上顶，使重心投影落到支撑面上成手倒立（见图 11－50）。

图 11－50　支撑后摆成手倒立

技术要点：①后摆身体伸直。②至手倒立部位时，要向上伸脚尖，紧腰，顶肩、锁肩。③要使重心投影保持在支撑面之内，若有偏离趋势，要靠手腕及肩带肌力调节控制。

动作规格：摆动舒展，倒立时身体充分伸直。

保护帮助：保护者站于保护凳上，一手托练习者的胸，另一手扶其背部，帮助上成倒立。

教法提示：①倒立架上手倒立和双杠大幅度支撑摆动。②帮助者于保护台上侧立，一手扶肩，另一手托腿帮助摆成手倒立。③事先教会自我保护方法，如前滚翻挂臂和侧跳下等。

四、单杠

本节着重介绍单杠练习的上法、下法和杠上等基本动作，培养练习者勇敢、果断等意志品质。

（一）挂膝上

动作要领：由右腿骑撑开始，直臂后倒，右腿后移屈膝挂杠，成挂膝悬垂前摆，顺前摆之势，左腿向前上方伸，肩部尽力前摆，向后引臂、伸髋，然后回摆；顺后摆之势，当摆至杠前下方时，左腿加速后摆，同时直臂压杠、扣腕成支撑，右腿前伸，左腿后伸，两手握紧杠，上体正直成骑撑（见图 11－51）。

图 11－51　挂膝上

技术要点：①始终直臂握杠，摆动时，肩部尽力远离握点。②在后摆时，摆动腿主动前伸，并加速后摆，当后摆肩上杠水平后，再直臂压杠，转腕成支撑。

动作规格：单挂膝前后摆动在 45°以上，直臂压上成骑撑。

保护帮助：帮助者站在练习者摆动腿同侧的前侧方，一手扶肩，一手按摆动腿的膝部，顺回摆之势，一手托背，一手压腿上成骑撑。

教法提示：①在单挂膝摆动时，前面可放一标志物，加大摆幅。②在帮助下练习。③由骑撑开始，后倒来完成动作。

（二）单脚蹬地翻上成支撑

动作要领：由站立悬垂姿势开始（以右脚蹬地为例），两手正握低单杠与肩同宽，接着左腿经前向后上方迅速摆起，右脚用力蹬地，同时屈臂引体倒肩，腹部靠杠，当左腿超过杠水平面时，右腿迅速跟上并拢，继续向后上方摆动至小腹贴杠两腿下落，随之抬头、挺胸、翻腕、伸髋成直臂支撑（见图 11－52）。

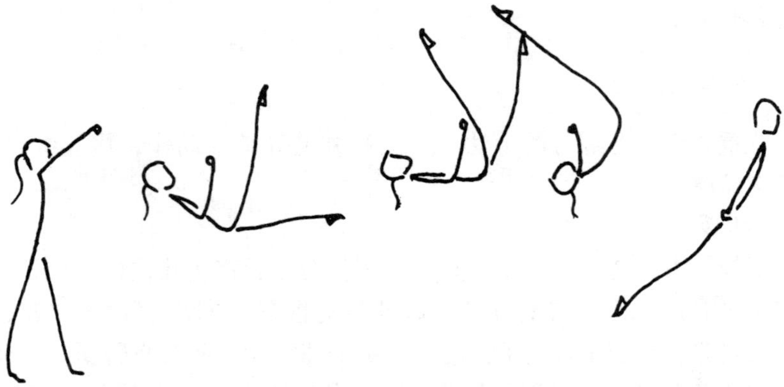

图 11－52　单脚蹬地翻上成支撑

技术要点：摆腿蹬地充分，屈臂用力拉杠，使身体重心迅速靠近单杠。

教学规格：支撑时双腿与单杠垂直面的夹角在 45°以上，动作连贯有序，挺身充分。

保护帮助：帮助者站在杠前侧面，一只手托练习者的腰部，另一只手托其肩部，当腹部贴杠后，换成一手扶肩，另一手托腿。

教法提示：①在低单杠练习屈臂引体。②在垫上练习仰卧举腿，或在高单杠上练习悬垂直角举腿。③在低单杠做摆腿蹬地，同时踢头顶上方标志物的练习。④从杠上支撑开始，做向前翻身下的练习。⑤垫高蹬地脚的位置，在帮助下练习两腿的制动、挺身抬上体、翻腕成支撑。⑥在帮助下进行完整动作的练习。⑦学生完成该动作容易犯的技术错误：第一，摆腿方向偏前，造成了身体重心的运动轨迹远离单杠，这样就增大了阻力臂和转动半径，减慢了翻转的速度，增加了两臂的承受力，可采用教法提示①～③或语言提示进行练习；第二，抬头展体或直臂过早，使身体与杠面的摩擦力减少，导致头重脚轻，动作失败，可采用教法提示④～⑥进行纠正。

动作变化：掌握了单脚蹬地翻上体成支撑动作之后，练习者可练习两腿同时蹬地翻上动作。臂力和腰腹肌较强的学员，可以到高单杠上练习慢翻上。在熟练掌握该动作后，还可尝试练习其他上法动作，如高杠两手同时（依次）换握用力上。

（三）正撑单腿向前摆越成骑撑及还原

动作要领：由支撑姿势开始（以右腿为例），右臂顶杠，身体重心左移，同时右腿向右侧摆起，随后右手推开杠，右腿向前摆越。随之上体右移，右手迅速撑杠，右大腿根部靠杠成骑撑。还原时，右手推杠，上体左移，同时右腿经侧向后摆越，随后上体右移，右手迅速撑杠，并腿成支撑（见图 11－53）。

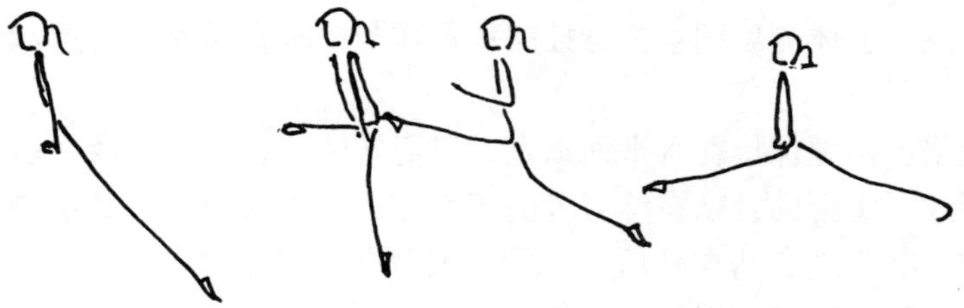

图 11－53　正撑单腿向前摆越成骑撑及还原

技术要点：移重心与手推离杠同时进行；上体左移紧依支撑臂，撑手快。

教学规格：腿侧摆越时，有明显腾越；骑撑时，腿直、臂直、上体直，两腿间的前后方向的夹角大于 90°。

保护帮助：帮助者站在练习者摆越腿的异侧，一手扶其上臂，一手托其摆动腿，配合重心的移动，帮助其固定成骑撑和支撑的身体姿势。

教法提示：①手持体操棍于腹前，站立做单腿向前摆越及还原的模仿练习。②在跳箱（鞍马）上练习支撑单腿摆越成骑撑及还原。③在低单杠上进行完整动作的练习。④练习者学习中易犯重心侧移不及时或屈臂等的技术错误，可采用教法提示①或教法提示②反复练习。

动作变化：练习者在熟练掌握该动作的基础上，还可发展新动作。如选择右腿向左摆越成骑撑动作或单腿间接摆越成骑撑动作进行练习。

（四）骑撑后腿摆越转体 180°成支撑

动作要领：由骑撑开始（以右腿骑撑为例），右手离身体 20～30 厘米处反握撑杠，左臂顶杠，重心右移，上体侧后倒，同时展髋，左腿后举，左手离杠，随后以右臂支撑为轴，头、肩和上体依次向右转动，带动左腿摆越过杠转体 180°，左手握杠，左腿向右腿并拢挺身成支撑（见图 11－54）。

图 11－54　骑撑后腿摆越转体 180°成支撑

技术要点：上体侧后倒，挺身控腿；上体与杠垂直面保持适度倾斜，维持身体平衡。

教学规格：两腿保持在水平面以上，挺身转体时，动作平衡、连贯有序。

保护帮助：①帮助者站在练习者的正前方，一手或两手握其前脚，顺势帮助转体成支撑。②帮助者站在杠后与练习者转体方向相同的一侧，一手握支撑臂，一手扶臀部，帮助转成支撑。

教法提示：①在跳箱（马）或鞍马上练习骑撑后腿向前摆越转体 180。成支撑动作。②在低单杠前旋转跳箱（马）或高凳，前脚放在上面，帮助练习者做转体动作练习。③在低单杠上进行完整动作练习。④学习时练习者常见的技术错误表现为；第一，先转体，后摆越左腿，二者配合不协调；第二，转体时身体重心后倒，挺身及前送做不充分；第三，转体成支撑后两腿低于水平面。上述三种错误动作可采用教法提示①或教法提示②进行练习。

动作变化：练习者熟练掌握该动作后，可以尝试做骑撑后腿向前摆越转体 180°成骑撑动作。此外，还可选择支撑单腿后摆越成反握骑撑或撑后腿向前摆越同时转体 270°下等动作。

（五）骑撑前回环

动作要领：由两手反握骑撑开始（以右腿骑撑为例），直臂、顶肩、提臀撑杠，随后重心前移，右腿上举向前跨出，左大腿前部贴杠，同时挺胸、直臂、上体前倒，尽量使身体重心远离握点。当上体回环至杠下垂直面附近时，前腿下压使大腿根部靠杠；当回环至上体超过杠水平面时，直臂压杠、挺胸、翻腕、制腿、控制握杠、两腿伸直成骑撑（见图 11－55）。

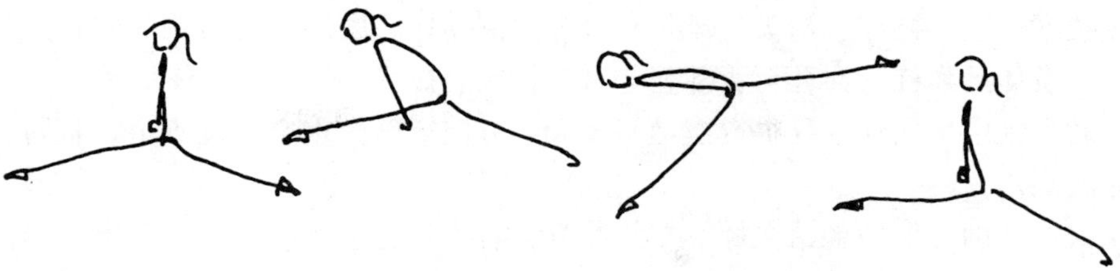

图 11－55 骑撑前回环

技术要点；支撑位置高，挺胸、前跨、倒上体，前腿要加速向下摆动；当超过杠下垂直面后，前腿下压根部靠杠；当超过杠后水平面时，翻腕、控制握杠成骑撑。

教学规格：两腿前后分开的夹角不大于 90°，保持分腿、直臂、直腿完成回环一周。

保护帮助：保护者站在杠后的右侧方，一手从杠下翻握练习者手腕，当练习者上体回环至杠下垂面时，换成一手托背，另一手扶腿成骑撑。

教法提示：①帮助者站在低杠前，一手托小腿，另一手顶肩，或者两手顶肩，让练习者体会骑撑前腿远跨和挺胸前倒的技术动作。②在杠前设置标志物，在帮助下做前腿触及标志物后完成骑撑前回环动作的练习。③在帮助下完成骑撑前回环。④独立完成骑撑前回环。⑤教学中应针对学员易犯的骑撑腿前跨不够、屈臂压打、分腿夹角过小等错误，采用教法提示①、教法提示②予以纠正。

动作变化：练习者在熟练掌握骑撑前回环动作的前提下，可以尝试做骑撑后回环或骑撑侧回环动作。

（六）单挂膝后回环

动作要领：由骑撑正握开始（以右膝挂杠为例），左腿向后摆，右膝勾杠，两臂向前推杠，上体抬头、挺胸、用力后倒。当转成挂膝悬垂时，左腿用力前上摆，身体尽可能远离杠，加大摆动幅度和转动半径；当回环至 3/4 周时（背部朝上），左腿向正后方伸，同时抬头挺胸、转腕，上体向后上抬起；当上体转回到预备姿势时，右腿伸直前移，重心适中成骑撑（见图 11－56）。

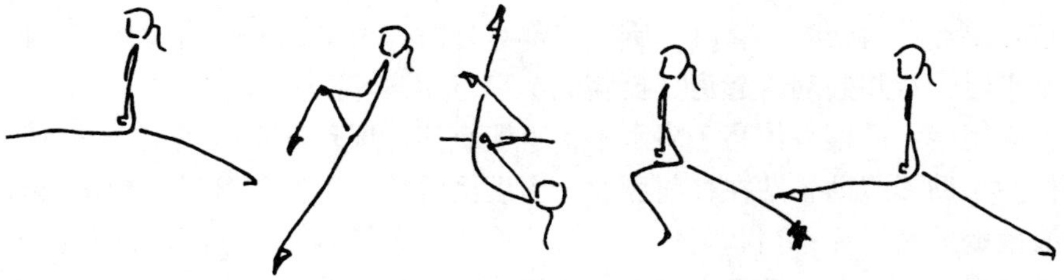

图 11－56 单挂膝后回环

技术要点：推杠、抬头、挺胸和身体后倒动作之间的配合协调一致；挂膝悬垂时，身体远离杠；回环至背部朝上时，抬头、挺胸、转腕、上体后抬。

教学规格：回环过程中，摆动幅度大、方向准确、重心轨迹圆滑，直臂、挺胸完成动作。

保护帮助：保护者站在杠下左侧前方，右手从杠下握练习者左手腕，当上体回环至杠水平面时，左手托其肩成骑撑。

教法提示：①在低单杠的正上方设置标志物，由悬垂开始练习摆动腿触及标志物。②在帮助下完成单挂膝后回环。③为防止膝关节后部磨杠损伤，可在杠上另套或膝后加垫。④初学者易犯左腿后摆不够、两臂弯曲、翻腕不及时等技术错误，可采用教法提示①或语言提示进行纠正。

动作变化：练习者熟练掌握该动作后，还可做单挂膝前回环、双挂膝前（后）回环、单手握膝脚勾前回环、膝脚勾前回环等动作，上述动作熟练后可移到高单杠上练习。

（七）支撑后摆腹回环

动作要领：由支撑开始，腿前摆、肩前倾、臂撑直，随后两腿用力向后摆，腹部离杠，身体高于肩水平。当身体下落髋部触杠瞬时，梗头、屈髋、两腿前摆、两臂压杠，上体后倒绕杠回环。待上体回环至3/4周时，腿制动、伸髋、抬头、翻腕成支撑（见图11－57）。

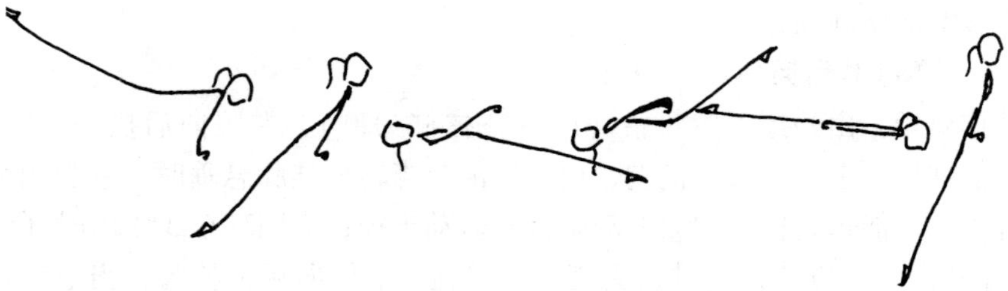

图11－57　支撑后摆腹回环

技术要点：后摆时，直臂含胸；腹部靠杠时，梗头倒肩、直臂压杠；回环至杠前水平时，背腿制动、起肩、挺胸成支撑。

教学规格：后摆身体高于肩水平，直臂直体，回环连贯。

保护帮助：帮助者站在杠前侧面，当后倒时，一手按其腰助其腹部靠杠，另一手拨大腿助其回环；当制腿抬上体时，换成一手托肩，一手托腿助其抬上体。

教法提示：①在帮助下完成支撑后摆落下成支撑动作。②练习快速翻上体成支撑动作，体会回环后半圈的背腿制动、翻腕屈肩、抬头挺胸等动作要领。③在帮助下练习慢回环，体会回环过程中的时间和空间感觉。④逐步过渡到练习者独立完成支撑后回环。⑤练习中初学者易犯的技术错误主要有：其一，两腿后摆不高或没有后摆，可采用教法提示①练习纠正；其二，回环时身体弯曲，可采用教法提示③反复练习；其三，回环成支撑后不能制动，可采用教法提示②或语言提示进行练习纠正。

动作变化：练习者熟练掌握支撑后回环动作后，以此为基础可继续学习其他形式的动作。如支撑前回环、屈体立撑向后回环、屈体立撑向前回环、腾身后回环等技术动作。

（八）支撑后摆挺身下

动作要领：由支撑开始，肩稍前倾，两腿先稍前摆，随后用力后摆，直臂顶肩成腾身姿势撑杠。当后摆身体重心上升接近最高点时，含胸并制动两腿，同时直臂顶肩推杠，抬上体挺身跳下，然后屈膝缓冲落地，两臂斜上举（见图 11－58）。

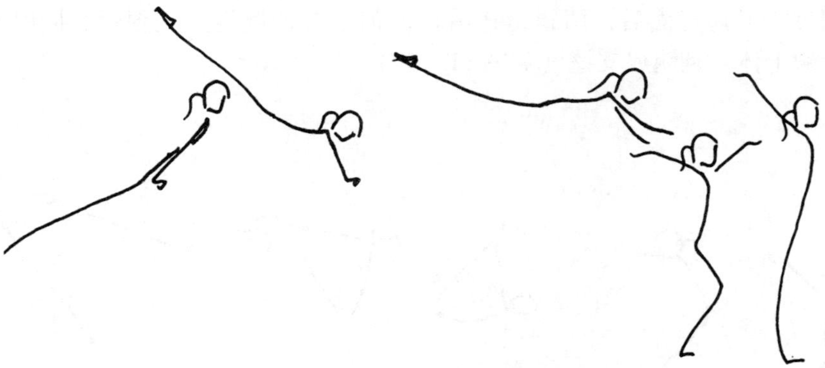

图 11－58 支撑后摆挺身下

技术要点：两腿后摆用力向后上方甩腿，同时直臂、含胸、顶肩撑杠；两腿制动。直臂顶肩推杠；腾空时两腿下压，抬上体。

教学规格：后摆两脚高于头部，保持直体挺身。

保护帮助：帮助者站在练习者的侧后面，一手扶其上臂，另一手托其大腿前部，助其后摆。挺下身时，跟随其落地点，一手扶上臂，另一手扶背。

教法提示：①练习者由垫上俯撑开始，帮助者抓其踝部抬起成斜上 45°，体会顶肩及空中身体姿态。②练习者俯卧于跳（箱）马上，胸和腹部触马，下肢悬垂，手撑肋木且低于肩，抬头，顶肩，两腿后摆，体会摆腿时参与工作的肌肉用力。③在低单杠上练习支撑后摆回落成支撑动作，体会后摆技术。④练习者位于高于地面处，从半蹲姿势开始起跳，体会空中身体姿态及落地缓冲。⑤在帮助下练习支撑后摆下，逐步过渡到独立完成。⑥初学者常出现的技术错误是：其一，肩后移，身体重心远离支撑点，后摆不高，两脚低于头部，可采用教法提示①、教法提示②进行练习；其二，两手没推杠，缺乏腾空，可采用教法提示③、教法提示④进行练习。

动作变化：练习者在熟练掌握该动作的基础上，还可以变换该动作的其他形式练习提高。例如，支撑后摆转体 90°下或支撑后摆转体 180°下或支撑后体摆转体 270°下。

（九）经直角悬垂摆动屈伸上（长振屈身上）

动作要领：由站立姿势或擂动悬垂开始（以站立姿势为例），练习者位于杠后 30～40 厘米处，屈膝下蹲，然后向后上方跳起，提臀、屈髋、直臂、含胸、沉肩，经直角悬垂两脚沿地面前摆，并逐渐向前伸髋展体，拉开肩角。在前摆接近结束时，迅速收腹举腿、屈能、翻臀，使两脚靠近杠面成屈体悬垂姿势，待肩后摆超过杠下垂直面后，两腿迅速沿杠向前上方伸髓至大腿根部，同时直臂压杠，紧跟上体，翻腕成支撑（见图 11－59）。

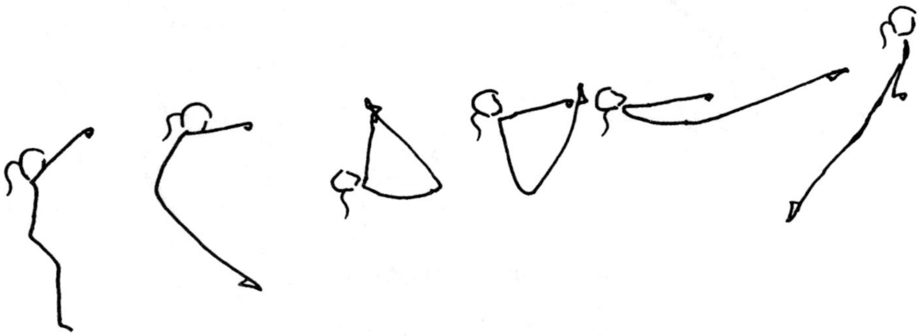

图 11－59　经直角悬垂摆动屈伸上（长振屈身上）

技术要点：当前摆接近最高点时，快速举腿翻臀，两脚靠近杠面成屈体悬垂姿势；当后摆肩超过杠下垂直面后，两腿始终沿杠面伸展，同时配合直臂压杠，跟上体成支撑。

教学规格：经屈体悬垂摆动，直臂直腿，展偏充分。

保护帮助：站在杠前练习者一侧，一手托扶其肩背，另一手托大腿或臀部，帮助其前摆、收腹举腿、伸髋、压杠成支撑。

教法提示：①仰卧在跳箱上，两手握体操棍，做屈身上的模仿练习。②在高低杠上做两手握高杠，一只脚蹬低杠的屈伸上动作，体会伸腿展髋、直臂压杠和紧跟上体。③由站立悬垂开始，练习直角悬垂摆动，随后收腹抬腿成屈体悬垂的动作。④在杠前放置一个山羊（高度适中），由前仰姿势开始，在帮助下做屈伸上动作，领会举腿后的伸髋、压杠、翻腕动作。⑤在保护下练习经直角悬垂摆动屈伸上的完整动作，并逐步过渡到独立完成。⑥初学者练习中，经常出现的技术错误有：其一，起跳时，肩部过高，可采用教法提示③纠正；其二，前摆时，身体过于伸直，造成举腿延迟，可采用教法提示①、教法提示③进行练习；其三，两脚远离杠面伸腿，屈臂压杠，可采用教法提示②、教法提示④练习。

（十）支撑后倒弧形下

动作要领：由支撑姿势开始，压紧杠子快速倒肩同时屈髋举腿，随着肩轴回环过杠下垂面后，顺势向前上方伸髋，直臂向头后拎杠，撒手人体呈反弓形腾空，直至落地（见图 11－60）。

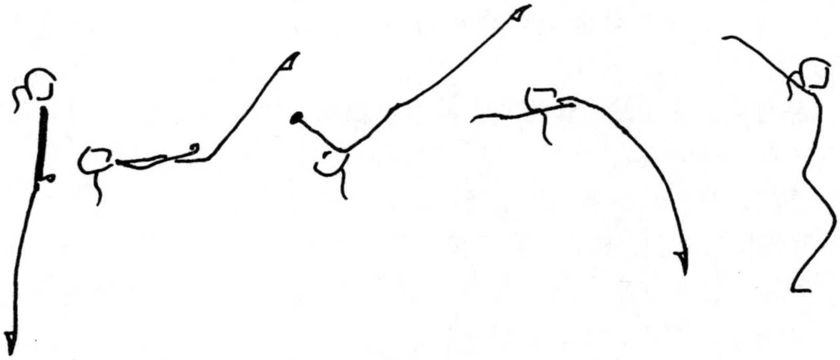

图 11－60 支撑后倒弧形下

技术要点：①举腿屈髋，快速倒肩时，两臂必须压紧杠子。②当肩轴超过杠下垂面后，要用力向前上方伸髋，同时直臂向头后拎杠。③进入腾空阶段后，两腿下压，抬头挺胸并呈反弓形直至落地前刹那。

动作规格：呈反弓形腾空，重心最高点至少应在杠水平面上。

保护帮助：保护者位于杠前侧方，后倒弧形时一手托臀，一手托背，助其向前上抛出。接着两手前后扶托其腹前背，助其安全落地。

教法提示：①低杠站立悬垂跳起弧形下，着重体会沿着杠面伸髓和向头后拎杠技术。②在中杠上直接练习。

主要参考文献

[1] 编写组．体操［M］．北京：高等教育出版社，1987.

[2] 陈林会，刘青．美国竞技体操发展经验与启示［J］．体育文化导刊，2018（7）.

[3] 陈林会．我国竞技体操项目优化发展的管理方略研究［J］．中国体育科技，2018，54（4）.

[4] 樊临虎著．体育教学论［M］．北京：人民体育出版社，2002.

[5] 韩晗．我国体操女子全能项目发展研究［J］．体育文化导刊，2014（4）.

[6] 韩宏飞．现代体操教学理论与方法［M］．北京：北京体育大学出版社，2001.

[7] 郝利玲，陈建霞．体操专业教学中融入人文理念的探讨［J］．安徽师范大学学报（自然科学版），2012，35（6）.

[8] 黄旭，葛春林，李小鹏，杨威．基于SWOT定量分析的中国竞技体操发展战略与路径探讨［J］．南京体育学院学报（社会科学版），2016，30（6）.

[9] 季彦霞，吕万刚．体育学科核心素养导向下的快乐体操创新发展研究［J］．成都体育学院学报，2021，47（1）.

[10] 鞠秀奎．青少年男子体操运动员主要关节的等速肌力特征［J］．中国组织工程研究，2016，20（46）.

[11] 李贵庆，王岗，杨继美．对我国竞技体操保持长盛不衰的理性思考［J］．北京体育大学学报，2017，40（10）.

[12] 李萍，陶成武，方奇，周建社．现代体操运动的意蕴发展与结构演变［J］．北京体育大学学报，2020，43（7）.

[13] 李萍，周建社，陶成武．中国体操治理模式演变及改革趋势研究［J］．西安体育学院学报，2019，36（3）.

[14] 蔺新茂，史海现．我国学校体操发展的困境及其解决对策［J］．体育学刊，2017，24（6）.

[15] 柳光植等．体操［M］．北京：高等教育出版社，1995.

[16] 路云亭．广播体操是国家的动作仪式符号[J]．体育学刊，2013，20(1)．

[17] 门舒，曹烨程．体操教学中存在的问题分析及对策——评《基本体操理论教学与实践》[J]．教育理论与实践，2019，39(18)．

[18] 聂应军，吕万刚，魏旭波，郑湘平，王云涛，罗元翔，刘亮，陈永青，胡磊，李贵庆．《体操》课程建设的创新与实践[J]．武汉体育学院学报，2018，52(3)．

[19] 彭召方，李佐惠，国伟，袁玲．日本竞技体操的发展历程、经验及启示[J]．首都体育学院学报，2019，31(4)．

[20] 石玉虎．核心力量训练提升女子体操运动员专项素质的效果[J]．上海体育学院学报，2014，38(3)．

[21] 陶成武，周建社，李萍．"大体操"概念下的"体操"的内涵与外延[J]．首都体育学院学报，2019，31(6)．

[22]《体操大辞典》编辑委员会．体操大辞典[M]．北京：人民体育出版社，1999．

[23] 体操大辞典编写委员会．体操大辞典[M]．北京：人民体育出版社，1979．

[24] 田麦久．运动训练学[M]．北京：高等教育出版社，2006．

[25] 童昭岗．体操[M]．北京：高等教育出版社，2010．

[26] 王聪，翟廷立．略论体操文化的特点与传承[J]．武汉体育学院学报，2016，50(11)．

[27] 王国亮．我国体操发展的科学审视与量化评析[J]．西安体育学院学报，2014，31(3)．

[28] 王建涛，邵斌，刘森林，赵重平，区峻．体操本质多元论与层次论[J]．北京体育大学学报，2015，38(5)．

[29] 王琨．世界体操锦标赛研究[J]．体育文化导刊，2013(7)．

[30] 王瑞芳．我国竞技体操发展现实困惑与对策研究——基于九届夏季奥运会体操比赛成绩[J]．广州体育学院学报，2020，40(6)．

[31] 王永超，张培刚．论体育高等专业院校体操教学的转型[J]．北京体育大学学报，2012，35(12)．

[32] 杨小帆，孟傲天，丁建岚，史兵．体育教学内容操舞化的表征、审视与应对[J]．体育与科学，2021，42(5)．

[33] 余乔艳，邓陈亮，潘小非，杨安容．体操类康复体育活动对3~6岁幼

儿感觉统合失调的效果 [J]. 中国康复理论与实践, 2020, 26 (8).

[34] 张涵劲. 体操 [M]. 北京: 高等教育出版社, 2015.

[35] 张军舰. 我国竞技体操可持续发展研究 [J]. 体育文化导刊, 2015 (9).

[36] 张泳华. 我国男子体操的危机与发展对策 [J]. 体育文化导刊, 2016 (8).

[37] 张予南. 体操初级教程 [M]. 北京: 北京体育大学出版社, 2011.

[38] 张中印, 宋波, 杨清风, 马凌波. "大体操" 视域下的中学体操教学——源于上海市初中生对体操项目的情感认知 [J]. 广州体育学院学报, 2017, 37 (5).

[39] 赵卫民. 体操发现式教学模式研究 [J]. 体育文化导刊, 2012 (11).

[40] 赵云书, 王琴, 冯庆梅. 我国体操世界冠军特征研究 [J]. 体育文化导刊, 2013 (6).

[41] 郑吾真, 陆保钟等. 竞技体操训练学 [M]. 北京: 北京体育大学出版社, 1990.